Stefan Küblböck

Zwischen Erlebnisgesellschaft und Umweltbildung

Informationszentren in Nationalparken, Naturparken und Biosphärenreservaten

Eichstätter Tourismuswissenschaftliche Beiträge   Band 2

Herausgeber Hans Hopfinger
Lehrstuhl für Kulturgeographie, Katholische Universität Eichstätt

Stefan Küblböck

Zwischen Erlebnisgesellschaft und Umweltbildung

Informationszentren in Nationalparken, Naturparken und Biosphärenreservaten

Profil

Anschriften:

Autor
Stefan Küblböck
c/o Lehrstuhl für Kulturgeographie
Katholische Universität Eichstätt
Ostenstrasse 18
85072 Eichstätt
e-mail: geographie@t-online.de

Herausgeber
Prof. Dr. Hans Hopfinger
Lehrstuhl für Kulturgeographie
Katholische Universität Eichstätt
Ostenstraße 18
85072 Eichstätt

Die Deutsche Bibliothek – CIP-Einheitsaufnahme

Zwischen Erlebnisgesellschaft und Umweltbildung –
Informationszentren in Nationalparken, Naturparken und Biosphärenreservaten
Küblböck, Stefan – München : Wien : Profil 2001
(Eichstätter Tourismuswissenschaftliche Beiträge: Band 2)
ISBN 3-89019-519-9

© 2001 Profil Verlag GmbH München Wien
Gestaltung: Michaela Brüssel, Erlangen
Druck und Herstellung: Verlagsdruckerei Schmidt GmbH, Neustadt an der Aisch
Printed in Germany
ISBN 3-89019-519-9
Dieses Werk ist urheberrechtlich geschützt. Jede Verwertung ausserhalb der engen
Grenzen des Urheberrechtgesetzes ist ohne Zustimmung des Verlages unzulässig
und strafbar. Dies gilt insbesondere für Vervielfältigungen, Übersetzungen,
Mikroverfilmungen und Verarbeitung in elektronischen Systemen.

Inhaltsverzeichnis

Vorwort 7

1 Einleitung 9
1.1 Einführung 9
1.2 Zentrale Fragestellung und Zielsetzung 10
1.3 Kurzvorstellung der Methodik 12

2 Warum braucht ein Großschutzgebiet ein Informationszentrum? 14

3 Theoretische Hintergründe 17
3.1 Erlebnisgesellschaft und Erlebniswelt 17
3.1.1 Kurzabriss wichtiger kultursoziologischer Grundlagen und deren aktuelle Ausprägungen 17
3.1.2 Freizeit- und Urlaubsverhalten auf dem Hintergrund aktueller Gesellschaftsentwicklungen 23
3.1.3 Arbeitsmethodiken und Erfolgsrezepte von Erlebniswelten 26
3.1.3.1 Definition und Differenzierung des Begriffs Erlebniswelt 26
3.1.3.1.1 Erlebniswelten mit dem Erlebnis als Selbstzweck 26
3.1.3.1.2 Erlebniswelten mit dem Erlebnis als Medium für weiterführende Ziele 28
3.1.3.2 Methoden und Erfolgsrezepte von Erlebniswelten 32
3.1.4 Erlebniswelt SIZ – Diskussion, Einordnung und Folgerungen 36
3.1.4.1 Diskussion 36
3.1.4.2 Einordnung 38
3.1.4.3 Folgerung 39
3.1.5 Sonstige Anforderungen 42
3.2 Umweltbildung im SIZ zwischen komplexen ökologischen Problemen und aktueller Kultursoziologie 45
3.2.1 Inhalte für die Präsentation im SIZ 45
3.2.2 Selbstverständnis, Ziele und Probleme von Umweltbildung 46
3.2.3 Theoretische Grundlagenideen aktueller Umweltbildung 50
3.2.4 Erfolgversprechende Ansatzpunkte aktueller Umweltbildung ... 54
3.2.4.1 Bedeutung und Vermittlung von Umweltwissen 54
3.2.4.2 Bedeutung und Vermittlung von Umwelteinstellungen 57
5.3.1 Bedeutung und Vermittlung von Umweltverhalten 58
3.2.5 Anforderungen an die Umweltbildung in SIZen 60

4	Praktische Impulse	67
4.1	Methodik und Zielsetzung	67
4.2	Architektur und Inszenierung	72
4.3	Vermittlung von Umweltwissen und Einstellungen	88
4.4	Zielgruppenorientierung	101
5	Leitfaden für ein Schutzgebietsinformationszentrum	114
5.1	Kriterium: Schaffung einer breiten Angebotspalette	114
5.2	Kriterium: Attraktive und ansprechende Gestaltung	116
5.3	Kriterium: Abgeschlossene Inszenierung unter Berücksichtigung von Umweltbildungszielen	118
5.4	Kriterium: Das SIZ soll eine Stätte informeller Umweltbildung sein	120
6	Schlussbetrachtung und Ausblick	127
7	Tipps für den Besuch im SIZ	130
	Abbildungsverzeichnis	133
	Tabellenverzeichnis	133
	Literaturverzeichnis	134

Vorwort

Im Zuge der rasanten technischen, wirtschaftlichen und gesellschaftlichen Entwicklungen der Gegenwart haben es komplexe Umweltthemen schwer, sich im Blickpunkt öffentlichen Interesses zu verankern. Welche Maßnahmen getroffen werden können, um das Thema Umwelt wieder populärer zu machen, ist eine Grundfrage, die mich spätestens seit meinem Zivildienst im Bildungsbereich des Nationalparks Bayerischer Wald beschäftigt.

Die Möglichkeit, einen kleinen Baustein beitragen zu können, Antworten für diese Frage zu entwickeln, verdanke ich in erster Linie Frau Dr. Ursula Diepolder. Ohne ihr Angebot und Vertrauen, mich in eine Auftragsarbeit zu integrieren, wäre die vorliegende Untersuchung nicht möglich gewesen. Die Grundlage für dieses Buch ist demnach auch ein Gutachten, das von Frau Dr. Diepolder – Inhaberin des Büros für Landschaftsentwicklung – und mir für den Nationalpark Hainich in Thüringen von Dezember 1999 bis Februar 2000 erstellt wurde. Gerade die praktischen Impulse der Arbeit fußen auf unserer gemeinsamen Bereisung der ausgewählten Informationszentren sowie Auswertung und Interpretation des umfangreichen Materials. Dafür möchte ich mich an dieser Stelle herzlich bedanken!

Die Untersuchung der Zentren war in dieser intensiven Form nur durch die Zusammenarbeit mit den Leitungen der Häuser möglich. Der Dank gilt hierbei den Interviewpartnern, die uns alle freundlich empfangen und viel Zeit und Engagement investiert haben, um Frau Diepolders und meine Fragen offen zu beantworten und uns tiefe Einblicke in ihre Arbeit zu gewähren.

Das vorliegende Buch wurde in ähnlicher Form im September 2000 als Diplomarbeit beim Lehrstuhl für Kulturgeographie an der Katholischen Universität Eichstätt eingereicht. Ich danke Herrn Prof. Dr. Hans Hopfinger für die vorbildliche Betreuung der wissenschaftlichen Arbeit und für die Hilfestellungen beim Weg an die Öffentlichkeit. Die Betreuung fand genau das richtige Maß, sowohl eigenen Ideen möglichst viel Freiraum zu gewähren, zu motivieren, als auch durch konstruktive Vorschläge die Arbeit zu unterstützen. Groß war auch die Freude, als die Diplomarbeit im März 2001 von der Deutschen Gesellschaft für Tourismuswissenschaft mit dem Wissenschaftspreis der Internationalen Tourismusbörse (ITB) in der Sparte „wissenschaftlich-theoretisch" ausgezeichnet wurde.

Neben Herrn Prof. Dr. Hopfinger gilt der Dank dem gesamten Fachgebiet Geographie an der Katholischen Universität Eichstätt, das für seine Studierenden hervorragende Ausbildungsbedingungen bietet.

Der Weg an die Öffentlichkeit war nur durch den Verleger Herrn Dr. Kagelmann möglich. Ich danke für die Zeit und Mühen, die von ihm investiert wurden, und das Vertrauen, das er mir entgegengebracht hat. Dieser Schritt ist von der Verwaltung der Katholischen Universität Eichstätt, die einen großen Teil der Druckkosten übernahm, erheblich erleichtert worden.

Last but not least bedanke ich mich bei meinem Freundeskreis, der durch manche fruchtbare Diskussion wichtige Impulse für die Arbeit beisteuerte.

Stefan Küblböck   Eichstätt, im Oktober 2001

1 Einleitung

1.1 Einführung

Direktor:	Ihr beiden, die ihr mir so, in Not und Trübsal, beigestanden, Sagt, was Ihr wohl in deutschen Landen Von unsrer Unternehmung hofft?[1]
Dichter:	Was glänzt ist für den Augenblick geboren, Das Echte bleibt der Nachwelt unverloren.[2] Wodurch bewegt er alle Herzen? Wodurch besiegt er jedes Element? Ist es der Einklang nicht, der aus dem Busen dringt Und in sein Herz die Welt zurücke schlingt?[3]
Lustige Person:	In bunten Bilder wenig Klarheit, Viel Irrtum und ein Fünkchen Wahrheit, So wird der beste Trank gebraut, Der alle Welt erquickt und auferbaut.[4]

Das Spannungsverhältnis zwischen dem Anliegen, Botschaften zu übermitteln, und dem Ziel, Unterhaltung zu bieten, ist bei Besuchereinrichtungen ein Kernproblem, das nicht erst in den letzten Jahren bekannt wurde. Beim „Vorspiel auf dem Theater" in „Goethes Faust" will der Direktor der Besuchereinrichtung Theater das Wohlwollen der Menge erreichen. Dazu holt er die Meinung des Dichters und der lustigen Person ein. Ersterer will dem Publikum Einklang, Harmonie und Authentizität mit an die Hand geben, wohingegen für die lustige Person lediglich ein Maximum an Spaß und Unterhaltung zählt.

Planerinnen, Planer[5] und Leiter von Schutzgebietsinformationszentren (im Folgenden: SIZen) befinden sich in einem vergleichbaren Dilemma wie der Theaterdirektor. Sie

---

[1] GOETHE: Faust, Zeile 33ff
[2] ebenda, Zeile 73f
[3] ebenda, Zeile 138ff
[4] ebenda, Zeile 170ff
[5] Im Folgenden wird aufgrund der leichteren Lesbarkeit, stellvertretend für beide Geschlechter, nur die männliche Form verwendet.

sollen ein Angebot schaffen, das sowohl die Vermittlung schutzgebietsrelevanter Aussagen gewährleistet als auch den Geschmack zahlreicher Besucher trifft.

Ziel der vorliegenden Arbeit ist es, Wege aufzuzeigen, dieses Spannungsverhältnis zu lockern bzw. Symbiosen zwischen „Unterhalten" und „Bilden" herzustellen. Um das Einführungszitat fortzusetzen, sind in der vorliegenden Arbeit SIZen die „Bühnen" zur Untersuchung dieses Kernkonflikts.

1.2 Zentrale Fragestellung und Zielsetzung

Als erster Schritt zur Annäherung an die zentrale Fragestellung der Arbeit stellt sich die Frage, wie das Kernobjekt - das Schutzgebietsinformationszentrum - definiert werden kann. Die Forschungsbasis bezüglich Informationszentren ist schwach ausgebildet.[6] Eine allgemeingültige Begriffsbestimmung fehlt.

LAUBENTHAL (1999) weist Besucher-Informationszentren im Allgemeinen folgende Eigenschaften zu: Sie haben Publikumsverkehr und stellen Informationen mittels verschiedener Medien bereit. Für die vorliegende Untersuchung werden diese Eigenschaften erweitert. Nach JOB (1994) haben SIZen Museumscharakter und die Aufgabe, „Schlechtwetterangebot" zu sein.

Als grundlegende Feststellung sind SIZen demnach im Echtraum konstruierte Gebäude oder Gebäudekomplexe mit Publikumsverkehr, die zur Informationsvermittlung dienen, wozu sie verschiedene Medien einsetzen. Lehrpfade, Naturerlebnisgelände oder sonstige flächenextensive Einrichtungen von Schutzgebieten sind folglich nicht in die Arbeit integriert.

Der zweite Schritt auf dem Weg zur zentralen Fragestellung ist die Offenlegung des essentiellen Sinns von SIZen. Durch das Aufgabenspektrum (vgl. Kapitel 2) kristallisiert sich folgender Aspekt als sinnstiftend heraus:

Die Schutzgebietsverwaltung schafft mit einem SIZ ein Kommunikationsforum zwischen Raum und Gesellschaft. Die Verantwortlichen des Schutzgebiets präsentieren ihre Ziele nach außen und nutzen das SIZ als Botschafter der Schutzgebietsidee (Nationalparkverwaltung Berchtesgaden 1994) - Menschen können über das SIZ Kontakt zum Schutzgebiet aufnehmen (Abbildung 1).

---

[6] Nach LAUBENTHAL (1999) gibt es über Informationszentren in Deutschland nur zwei empirische Erhebungen. Neben der eigenen Untersuchung nennt er die Arbeit von JOB (1994).

Abbildung 1: Schutzgebietsinformationszentren (SIZen) als Mediatoren zwischen Gesellschaft und Raum

Quelle: Eigener Entwurf

Auf dem Hintergrund dieser beider Hinführungsschritte lautet die **zentrale Fragestellung** dieser Arbeit wie folgt:

> Welche Kriterien lassen sich für ein SIZ herleiten und wie können diese umgesetzt werden, um den Kommunikationsauftrag zwischen dem Raum des Schutzgebiets und der Gesellschaft zu gewährleisten?

Die **Zielsetzung** der vorliegenden Arbeit ist demnach die Entwicklung eines Leitfadens für SIZen. Der Leitfaden basiert auf der Herausarbeitung verallgemeinerbarer Aussagen für die Neugestaltung von Zentren bzw. für die Umgestaltung bestehender Häuser. Die Arbeit kann weder den Anspruch erheben, den Königsweg zu „dem vollkommenen SIZ" aufzuzeigen, noch zielt die Arbeit darauf ab, ein konkretes SIZ zu planen. Durch die regionalen Besonderheiten jedes Großschutzgebiets in Bezug auf Naturraum, kulturbedingte Umgestaltung und jeweilige Rahmenbedingungen wird es auch das perfekte Standardzentrum nie geben können.

Sowohl die theoretischen Hintergründe als auch die praktischen Impulse der Untersuchung konzentrieren sich auf jene Bereiche, die direkt die Ausstellung und die Gestaltung von SIZen betreffen. Für die Realisierung konkreter Projekte sind zahlreiche weitere Faktoren, wie Standort, Kommunikationspolitik und Eintrittsgeld entscheidend, die für den Erfolg ebenso wichtig sind (Marketing, Beschilderung des Anfahrtswegs, Öffnungszeiten etc). Diese – nach KLEIN (1998, S. 25) „*extrinsischen*" Themen – werden durch die vorliegende Arbeit nur an manchen Stellen, wie in Kapiteln 3.1.5, tangiert.

1.3 Kurzvorstellung der Methodik

Die Methodik der Untersuchung ist auf zwei Hauptkomponenten aufgebaut: „Theoretische Hintergründe" und „Praktische Impulse".

Die erste Stufe zur Entwicklung eines Leitfadens (Kapitel 2 und 3) besteht darin, intrinsische Kriterien für ein SIZ Schritt für Schritt aus der Literatur abzuleiten. Wissenschaftliche Publikationen im deutschen Sprachraum, die sich vordergründig mit SIZen beschäftigen, gibt es kaum (vgl. Kapitel 1.2). Daher orientiert sich die Studie an Nachbarfeldern, wobei deren relevante Überschneidungspunkte mit SIZen im Einzelnen gesucht und begründet werden.

Aufgrund des Schwerpunkts der Arbeit: „Zwischen Erlebniswelt und Umweltbildung" spannt sich der theoretische Rahmen zwischen diesen beiden Forschungsfeldern. Daneben gibt die erste Stufe Antworten auf die Frage, welche Vorteile Großschutzgebiete und deren Besucher durch innovative SIZen erfahren. Das Ergebnis dieser Synopse ist ein theoretisch begründeter Kriterienkatalog für die Gestaltung eines SIZs, der die Basis für die zweite Hauptkomponente darstellt.

Auf Grundlage dieses Kriterienkatalogs bewertet der Autor in der zweiten Stufe (Kapitel 4) ausgewählte bestehende SIZen und weitere Besuchereinrichtungen in Deutschland und im benachbarten Ausland. Ziel dieser Untersuchung ist es, die theoretischen Kriterien durch Beispiele aus der Praxis mit Leben zu erfüllen. Dabei arbeitet der Autor den Bezug zwischen Praxisbeispielen und theoretischen Anforderungen heraus. Diese Möglichkeiten werden dokumentiert und in Bezug auf die Kernthesen interpretiert. Fragen zu Hintergründen, Zielen und Rahmenbedingungen beantworteten die jeweiligen Betreiber der Einrichtungen. Die Untersuchung der Häuser erhebt nicht den Anspruch, eine „allumfassende" Evaluierung zu sein. Vielmehr will sie gute Ideen und gelungene Umsetzungen zusammenführen.

Aus diesem Grund werden im fünften Kapitel die Kernthesen des Kriterienkatalogs noch einmal kurz skizziert und gelungene Umsetzungsmöglichkeiten aus der Praxis aufgezeigt und interpretiert:

1. Überschneidungen zwischen dem Kriterienkatalog und den Angeboten bestehender Häuser demonstrieren Möglichkeiten praktischer Umsetzung.
2. Interpretationen stimmiger Umsetzungen können offene Fragen im Kriterienkatalog beantworten.

3. Diskrepanzen zwischen Praxisbeispielen und Anforderungskatalog zeigen Schwachstellen der Häuser auf, die es zu vermeiden gilt.
4. Diskrepanzen, die sich jedoch als unerwartet begründet und erfolgreich herausstellen, sowie Überschneidungen, die zu Problemen führen, erfordern gegebenenfalls Korrekturen am Anforderungskatalog.

Der Erkenntnisgewinn aus den Kapiteln 2 bis 4 führt letztlich zur Formulierung eines Leitfades für SIZen (Kapitel 5).

2 Warum braucht ein Großschutzgebiet ein Informationszentrum?

Neben dem Schutz der Lebensraum- und Artenvielfalt bietet ein Nationalpark den Menschen die Möglichkeit, Natur und die in ihr ablaufenden dynamischen Entwicklungsprozesse erlebbar zu machen. Nicht nur Naturschutz, sondern auch Bildung, Tourismus und Erholung sind vorrangige Managementziele von Nationalparken (IUCN 1994). Auch andere Großschutzgebietsformen wie Naturparke und Biosphärenreservate bekennen sich explizit dazu, ihren Besuchern Möglichkeiten der Erholung und Bildung anzubieten (DIEPOLDER & dwif 2000). Verstärktes Tourismusaufkommen führt gerade in Schutzgebieten und deren Umland zu den bekannten negativen Folgen. Dennoch fördert Tourismus enorm die Arbeit der Schutzgebietsverwaltung und damit auch den Schutz der Fläche. Nach DIEPOLDER, *dwif* (2000) schafft Tourismus in Großschutzgebieten neben der wirtschaftlichen In-Wertsetzung strukturschwacher Regionen auch einen Teil der erforderlichen gesellschaftlichen Grundlage, der den Schutz großflächiger Gebiete erst zulässt.

Im Gegensatz zu häufig auftretenden regionalen Akzeptanzproblemen haben Nationalparke in der Bevölkerung einen überwältigenden Zuspruch; in einer EMNID-Umfrage (WWF-Journal 3/99) wird nachgewiesen, dass

- 95% der Bundesbürger Nationalparke mindestens für wichtig, 64% sogar für sehr wichtig halten,
- 70% wollen, dass noch mehr Flächen unter Nationalpark-Schutz gestellt werden,
- 72% ihren Urlaub lieber dort verbringen würden, wo man sich für den konsequenten Schutz der Natur durch Nationalparke entschieden hat und
- 90% persönliche Einschränkungen durch Schutzbestimmungen in Kauf nehmen würden.[7]

Ein Informationszentrum unterstützt die Schutzgebiets-Ziele Bildung, Tourismus, Erholung und folglich auch Naturschutz und Forschung auf vielerlei Weise. Die folgende Auflistung basiert auf einer Studie von JOB (1994):

Nach JOB (1994) und WOHLERS (1998) kommen SIZen wichtige gesellschaftliche Aufgaben zu, indem sie sich *„der* **Umweltsensibilisierung und -erziehung** *widmen"* (JOB 1994, S. 167). Als Baustein des Bildungsauftrags des Großschutzgebiets erfüllt das SIZ eine Funktion, die weit über die Grenzen der geschützten Fläche hinausreicht.

---

[7] Dabei ist zu berücksichtigen, dass Einstellungen nicht zwangsläufig in Handeln münden müssen (vgl. Kapitel 3.2.2).

Durch Inkrafttreten der Schutzgebietsverordnungen kommt es zu Auswirkungen auf die Menschen im oder am Schutzgebiet. Während Urlauber und Tagesausflügler dieses Gebiet gerade wegen dieser Einflüsse aufsuchen, führen Schutzmaßnahmen zu konkreten Veränderungen des gewohnten Umfelds der Bewohner. Diese Veränderung wird von den Betroffenen bewertet. Das Ergebnis dieser Bewertung schlägt sich als Akzeptanz oder Ablehnung nieder (SIMANTKE 1997). Während bei Naturparken und Biosphärenreservaten der wirtschaftende Mensch ins Schutzkonzept integriert ist, kommt ihm im Nationalpark lediglich die Rolle des staunenden Betrachters zu (DIEPOLDER 1997). Ökosystem-Veränderungen sind daher v.a. in Nationalparken intensiv ausgeprägt. Dieser Ausschluss traditioneller Wirtschaftsweisen kann bei der einheimischen Bevölkerung, die den Wandel des gewohnten Landschaftsbilds erlebt, Akzeptanzprobleme auslösen. Neben tatsächlichen Beschneidungen der persönlichen Freiheit spielen Emotionen eine wichtige Rolle (SIMANTKE 1997). Ein SIZ bietet eine Schnittstelle, an der die Bewohner der Schutzgebietsregion und die Verwaltung in Dialog miteinander treten können. Die Integration der Einheimischen ins SIZ kann ein guter Ansatz zur frühzeitigen **Akzeptanzförderung** des Großschutzgebietes sein (JOB 1994).

Das SIZ ist ein wichtiges Instrument im Rahmen der **Besucherlenkung**: Die Verwaltung erreicht im SIZ eine große Anzahl von Besuchern. Damit ist das Zentrum eine gute Plattform, um z.B. auf rücksichtsvolles Verhalten in der Natur, das Führungsangebot oder auf Veranstaltungen hinzuweisen (JOB 1994). Des weiteren kann die Verwaltung Wanderwege besonders empfehlen und dadurch Besucherströme in weniger empfindliche Regionen des Schutzgebiets lenken. Es wirkt darüber hinaus als Magnet auf Besucherströme und entzerrt dadurch die Frequentierung ökologisch sensibler Regionen.

Das SIZ dient als **Anlaufstelle für Touristen und Tagesausflügler**. Diese erhalten Informationen über natur- und kulturräumliche Gegebenheiten, mit deren potenziellen Gefahren, Tipps zur Freizeitgestaltung sowie Ratschläge, die bei der Orientierung in der Region helfen (JOB 1994).

Gerade für Schutzgebietsregionen ist Tourismus ein entscheidender Wirtschaftsfaktor, da Großschutzgebiete häufig in peripheren strukturarmen Räumen zu finden sind. Wie in Kapitel 3.1.2 genauer erläutert wird, muss sich erfolgreiches Tourismusmanagement spezifischen Herausforderungen stellen, die in den letzten Jahren stetig gewachsen sind. Eine Forderung ist die Entwicklung **touristischer Produktlinien** mit klarem Profil (STEINECKE 1997). Ein modernes, innovatives Informationszentrum kann ein wichtiger Baustein in diesem Produktportfolio bzw. sogar Dachmarke – Urlaub in deutschen Schutzgebieten – sein:

- Ein attraktiv gestaltetes und ausgestattetes Infozentrum erweitert die touristische Angebotspalette um ein Element, das auf Zielgruppen spezifisch eingehen kann. Dies kann dazu beitragen, Stammgäste zu halten oder bewusst neue Gäste anzusprechen.
- Ein Schutzgebietszentrum ergänzt den authentischen,[8] zu schützenden Raum um den Faktor Inszenierung, der als ein *„Motor der künftigen touristischen Entwicklung"* (STEINECKE 1997, S. 7) betrachtet werden kann. Dieses Zugpferd kann glaubwürdig in eine konkrete Produktlinie integriert werden.
- Touristische Destinationen in Mitteleuropa haben das Manko, ihren Besuchern keine Schönwettergarantie geben zu können. Sogar im Sommer treten immer wieder Witterungslagen auf, die nicht zum Aufenthalt im Freien einladen. Anders als bei künstlichen Ferienwelten, wie „Centerparks", lebt der Tourismus in Schutzgebieten vom Aufenthalt in der Landschaft. An Regentagen bietet das Zentrum den Besuchern der Region eine ansprechende Möglichkeit zur Freizeitgestaltung. Neben einem „Schlecht-Wetter-Programm" entsteht ein neues touristisches Highlight, das zur Saisonverlängerung beitragen und der Nebensaison neuen Aufschwung geben kann.

---

[8] Über Authentizität im Tourismus gibt es zahlreiche verschiedene Ansichten (vgl. z.B. MacCannell 1976, Wang 2000). Ob das Naturerlebnis in Großschutzgebieten uneingeschränkt als authentisch gelten kann, sei in Frage gestellt und kann an dieser Stelle nicht beantwortet werden. Der Ausdruck bildet etwas plakativ den Gegenpol zur Inszenierung.

3 Theoretische Hintergründe

3.1 Erlebnisgesellschaft und Erlebniswelt

3.1.1 Kurzabriss wichtiger kultursoziologischer Grundlagen und deren aktuelle Ausprägungen

SIZen sind Kommunikationsmedien zwischen dem Raum des Schutzgebiets und seinen Besuchern. Damit ein SIZ diese Aufgabe wahrnehmen kann, müssen dessen Planer und Leiter beide Seiten kennen, zwischen denen das Zentrum vermitteln soll.

Das Kapitel 3.1.1 stellt „die Besucher" dar, die ein Baustein des vorgestellten Kommunikationsmodells sind. Das vorliegende Kapitel dient als Grundstock für die gesamten theoretischen Hintergründe. Es beschreibt aktuelle dynamische Prozesse gesellschaftlicher Entwicklungen und die daraus resultierenden Ansprüche potenzieller Gäste. Das Schlagwort „Besucherorientierung" ist für verschiedenste Autoren eine Leitforderung an zukünftige Entwicklungen von Besuchereinrichtungen vom Naturkundemuseum über die Kunstausstellung bis hin zum Hallenbad (vgl. OPASCHOWSKI 1995, WEYER 1998, STEINECKE 1997). Denn letztendlich bestimmen die Besucher, die ein Spiegelbild unserer Gesellschaft sind (vgl. ENZENSBERGER 1958), über den Erfolg oder Misserfolg eines solchen Projekts. In den Folgekapiteln werden Forderungen für die Planung eines SIZs abgeleitet.

Kennzeichen gesellschaftlicher Ordnung waren über Jahrhunderte abgestufte Hierarchien, die sich etwa durch Besitz-, Bildungs-, oder Berufsunterschiede ergaben. Am bekanntesten ist wohl der Ansatz nach Karl Marx, der während der Hochphase der Industrialisierung die Gesellschaft in zwei grundlegende **Klassen** einteilte: Die besitzlose Arbeiterklasse (Proletariat) und die Besitzer an Produktionsmitteln (Bourgeoisie), die den Mehrwert der Arbeit abschöpfen können: *„In einer ersten Annäherung kann man definieren, daß unter Klassen typischerweise Gruppierungen mit konträrem Interesse verstanden werden, die auf ungleiche materielle Lebensbedingungen und Machtstellungen beruhen, welche sich ihrerseits, aus untergeordneten bzw. überlegenden Stellungen im Produktionsprozess ergeben."* (HRADIL 1987, S. 60). Auch bei Max Weber sind Hierarchien dominierende Formen gesellschaftlicher Gliederung. Im Gegensatz zu Klassen definieren sich **Stände** nicht nur nach ökonomischen Parametern durch die Stellung innerhalb des Produktionsprozesses, sondern auch durch soziale Kriterien: *„Stände sind subjektiv definierte Sozialstrukturkategorien. Stände bilden sich im Denken und Handeln der Menschen."* (ebenda 1987, S. 75). Nach Weber steht der Stand im engen Zusammenhang mit dem Gefühl der Ehre. Herkunft, Beruf, Erziehung sind hierbei wichtige Identifikationspunkte. Dieser Begriff war die Grundlage für die Entwicklung der **Schicht**, deren Bedeutung seither einem Wandel unterliegt. Schichten bilden sich durch Gemeinsamkeiten beim Bildungsstand, bei der Arbeitsstelle, beim Einkommen, bei der Kleidung oder der Wohngegend.

Nach SCHULZE (1993) ähnelte die Gesellschaft nach dem 2. Weltkrieg in hohem Maße der des 19. Jahrhunderts wie sie Marx und Weber beschrieben haben. Prägendes Element der Nachkriegsgesellschaft waren Hierarchien (z.B. Oberschicht, Bürgertum und Unterschicht). V.a. die „Unterschicht" hatte das grundlegende Problem der Existenzsicherung. Durch die eigene Arbeitskraft versuchten die Menschen, einen Beitrag zur Verbesserung der allgemeinen Lebenssituation zu leisten. Für die Alten Bundesländer verdeutlicht dies der Begriff „Wirtschaftswunder Deutschland". Bis nach dem 2. Weltkrieg nahm das gemeinschaftliche Handeln einen sehr hohen Stellenwert ein. Andere Leitbilder waren nach WERLEN (1993) die hohe Bedeutung lokaler Gemeinschaften, Traditionen, Verwandtschaftsbeziehungen, Herkunft sowie Alter und Geschlecht. Handlungsspielräume und eigene Entwicklungspotenziale waren begrenzter als heute. Arbeitsplatz, Bildung, Kleidung, Wohngegend, Autos und auch die Art der Freizeit- und Urlaubsgestaltung waren – stärker noch als heute – Statussymbole und wichtige Merkmale der Schichtzugehörigkeit.

Heute weichen traditionelle Standeszuordnungen anderen Phänomenen. Nach BECK (1986, S. 115) sind wir „*Augenzeugen eines Gesellschaftswandels innerhalb der Moderne*",[9] der sich in westlichen Industrienationen und im Speziellen in der Bundesrepublik Deutschland abspielt. Der einsetzende Wandel schwächt klassische Sozialformen, die die industrielle Gesellschaft geprägt haben. Die Bedeutung von Klasse, Schicht, Familie, Raum und das Verhältnis der Geschlechter unterliegt einem Umbruchsprozess. BECK (1986) beschreibt dieses Phänomen als **Individualisierung**. Als Gründe für die Individualisierung nennt BECK u.a.:

- Der wirtschaftliche Aufschwung seit dem 2. Weltkrieg hat zu einem hohen materiellen Lebensstandard geführt, an dem ein Großteil der Bevölkerung teilhat. Die Sicherung der eigenen notwendigen Lebensgrundlagen wie Nahrung, Kleidung oder Wohnung ist durch soziale Netze gewährleistet.
- Obwohl soziale Ungleichheiten und steigende Unterschiede bei den Einkommen nach wie vor vorhanden sind, nehmen zumindest Teile der Gesellschaft diese anders wahr. Innerhalb bestimmter Gruppen rücken soziale Strukturen als Gründe für soziale Disparitäten immer mehr in den Hintergrund. Individuen dieser Gruppen fühlen sich für ihren Erfolg oder Misserfolg verstärkt selbst verantwortlich. Sinkende Mitgliederzahlen der Gewerkschaften können eine Folge dieser Tendenz sein.
- Durch den „Fahrstuhl-Effekt" ist die gesamte Gesellschaft auf ein höheres Niveau gehoben worden. Neben der eigenen Existenzsicherung entfaltet die wirtschaftliche

---

[9] Moderne ist ein Leitmotiv der Gesellschaft, das im allgemeinsten Sinne an das Aufkommen von Kapitalismus, Industrialismus und Rationalisierung gebunden ist (WERLEN 1995).

Besserstellung Freiräume, die z.B. zu geändertem Konsumverhalten und einem Mehr an Bildung führen.

- Als Folge des „Fahrstuhl-Effekts" ist die persönliche Integration in die prädestinierte lokale Gemeinschaft mit deren konservierenden Verhaltensmustern nicht mehr dringend vorgegeben. Junge Menschen sind beispielsweise nicht mehr darauf angewiesen, in die „Fußstapfen" ihrer Eltern zu treten, die gleiche Lehre anzutreten und am selben Ort wohnen zu bleiben. Die individualisierten Menschen reintegrieren sich in neuen Gruppen.

Als Ergebnis der Individualisierung kann eine rasante Veränderung gesellschaftlicher Prozesse wahrgenommen werden. WERLEN (1999) beschreibt diesen Wandel als Übergang der traditionellen Gesellschaft in die spät-moderne Gesellschaft, in denen „*Handlungsweisen nicht mehr durchgehend von Traditionen bestimmt*" sind (S. 125). Die sozialen Veränderungen stehen im engen Zusammenhang zu technischen Innovationen. Ein verbessertes Verkehrswesen und weltweite Kommunikationssysteme in Verbindung mit „*abstrakten Expertensystemen*" (ebenda, S. 126) – z.B. Geld, Aktien, Computersprachen – ermöglichen einen raschen Transport von Gütern, Personen, Kapital und v.a. von Informationen. Statt der klar definierten Zugehörigkeit zur lokalen Gemeinschaft entstehen für das Individuum soziale und geschäftliche Kontakte über sämtliche Grenzen hinweg. Nicht mehr die Herkunft oder die Klassen-, Standes- oder Schichtzugehörigkeiten stehen im Vordergrund, sondern das eigene Schicksal und das, was man selbst aus seinem Leben macht oder machen will. Das Wohl der Gemeinschaft tritt hinter den eigenen Vorteil. Ergebnis der Individualisierung ist eine grundlegende „Diversifizierung der Biographien". Der Arbeitsmarkt fungiert hierbei als Motor. Auf der einen Seite ist ein markanter unverwechselbarer Lebenslauf bei der Bewerbung um einen Arbeitsplatz ein deutlicher Pluspunkt. Desweiteren ist für erfolgreiche berufliche Karrieren Mobilität häufig unentbehrlich, wodurch regionale Verankerungen mehr in den Hintergrund treten. Andererseits verliert jedoch die Stellung im Arbeitsprozess die automatische Identifikation mit der Schichtzugehörigkeit. Auch für die Veränderung der Zusammensetzung der Gesellschaft spielen Individualisierungsprozesse eine zentrale Rolle, wie niedrige Geburtenraten, hohe Scheidungsraten, alleinerziehende Väter oder Mütter oder DINKS (Double Income No Kids). Traditionelle gesellschaftliche Gruppen wie Familien verlieren an Bedeutung. Die Gesellschaft der Bundesrepublik Deutschland lebt „*jenseits von Stand und Schicht*" (BECK 1986, S. 121).

SCHULZE (1993, S. 405) beschreibt den gesellschaftlichen Wandel mit den Schlagwörtern: Entgrenzung und Innenorientierung. Die Sichtweise des einzelnen Menschen hat dabei zwei Hauptkomponenten:

- Im Zuge der Entgrenzung stehen immer mehr Möglichkeiten zur Wahl, das eigene Leben zu gestalten: z.b. Bildung, Beruf, Kleidung, Wohnung, Freizeitgestaltung, Familienstand und sogar zum Teil das eigene Aussehen. Von 1950 bis 1987 sank die jährliche Arbeitszeit um die Hälfte, was zu einem Plus an Freizeit führte. Der Mensch trifft auf ein unendliches Angebot an Waren und Dienstleistungen oder, wie es SCHULZE ausdrückt, es kommt zu einem rasanten *„Prozess der Diversifikation des Entbehrlichen"* (ebenda, S. 406). Je nach Standpunkt fallen Schranken, aber auch Bahnen traditioneller Gesellschaftsformen und deren Konventionen weg.
- Eine zweite Blickrichtung konzentriert sich auf die eigene Person. Da Lebenswege nicht mehr vorprogrammiert sind, rückt die Frage in den Vordergrund, wie der Einzelne sein Leben gestalten will. Innenorientierung heißt, sich mit den eigenen Wünschen und Zielen auseinander zu setzen.

Dabei gewinnt das Auswählen gegenüber dem eigenen gezielten Einwirken immer mehr an Bedeutung. Das Individuum kann sein Leben frei gestalten. Es kann aus verschiedenen Bereichen auswählen, vergleichbar einem Fernsehzuschauer, der mit der Fernbedingung die Programme wechselt. Bei Missfallen wird nicht mehr versucht, die Situation zu verändern, es wird einfach ein neues Programm aufgesucht (ebenda). *„Die Sozialwelt, die unter der Bedingung des Wählens entstanden ist"*, bildet für SCHULZE (1993, S. 408) die Basis seiner **Theorie der Erlebnisgesellschaft**. Durch die Innenorientierung rückt das Erlebnis immer mehr in den Vordergrund. Voraussetzung für das Erleben ist ein Spannungsverhältnis zwischen persönlichen Wünschen und nicht oder nur unzureichend befriedigender Realität. Als Folge der Entgrenzung und v.a. aber der Innenorientierung treten diese Wünsche ins Bewusstsein und verlangen nach Befriedigung, oder wie es SCHULZE (1993, S. 411) ausdrückt: *„Erlebnisnutzen* [ist] *von einem Akt gelingender Selbstreflexion abhängig."* Das „Sein" gewinnt gegenüber dem „Haben" immer mehr an Bedeutung. Emotionen wie Vorfreude gehören bereits vor Zielerreichung zum Erlebnisprozess. Eine Erfahrung wird intensiver zum Erlebnis, wenn vorher Barrieren überwunden werden müssen. Bevor sich Erleben voll entfalten kann, ist Anspannung notwendig (SCHOBER 1993). Psychologen sprechen in diesem Zusammenhang von Arousal. Dabei hängt das *„subjektive Befinden", „die Bewusstseinshelligkeit"* und *„die Leistung eines Individuums"* stark vom *„Grad der Aktiviertheit (Arousal)"* ab (FISCHER, HELLBRÜCK 1999, S. 142f). Ein mittlerer Aktiviertheitsgrad überwindet Langeweile, führt aber nicht zum Stress und wird daher vom Individuum am angenehmsten empfunden. Außenreize müssen innerhalb einer gewissen Spannweite liegen, um optimales Wohlbefinden, Lernen oder Erleben zu ermöglichen.

Im *„Projekt des schönen Lebens"* (SCHULZE 1997, S. 35) sind die Handlungen der Menschen darauf ausgerichtet, sich eine Atmosphäre zu schaffen, die es ihnen ermöglicht, positive Erlebnisse zu sammeln. V.a. bei der jüngeren Bevölkerung vollzieht sich ein deutlicher Wertewandel: Das Erleben gewinnt im Vergleich zum materiellen Besitz immer mehr an Bedeutung. Auch wenn immer noch Besitz angestrebt wird, steht nicht die Funktion des Gebrauchsgegenstands im Vordergrund, sondern das positive Gefühl, das mit dem Erwerb und Besitz dieses Produkts verbunden wird. Diese Grundhaltung, die zur Lebenseinstellung werden kann, beschreibt SCHULZE (1993, S. 408) als „*Erlebnisrationalität*". Besonders gut kann dieser Wandel in der Werbung nachvollzogen werden. Fast jedes Produkt oder jede Dienstleistung – sei es ein Bankkonto, ein Telefongespräch oder ein Autoreifen – wird mit Emotionen besetzt, die der potenzielle Kunde neben dem Gebrauchsnutzen erwerben kann. Werbung zeigt dabei nicht nur Wege auf, wie Bedürfnisse befriedigt werden können, sondern sie versucht, Wünsche zu wecken. Konsum wird zum neuen Leitbild der Gesellschaft und prägt den Raum. Der Markt wächst in erster Linie durch diese neuen „*means of consumption*" (RITZER 1997b, S. 222). Im modernen Marketing spielen Symbole eine besondere Rolle; sie suggerieren dem potenziellen Käufer den Erlebnisnutzen der Ware (SCHULZE 1997).

Trotz Individualisierung und trotz Auflösen von Klassen und Schichten beschränken sich die Menschen nicht darauf, nur Individuen zu sein, sondern sie streben weiter nach Gruppenzugehörigkeit. Es entstehen neue soziale Strukturen,[10] die SCHULZE (1993) als „*Reaktion auf den besonderen Orientierungsbedarf innenorientiert handelnder und wählender Menschen*" (SCHULZE 1993, S. 414) sieht. Er bezeichnet diese Strukturen als soziale Milieus. Er definiert diese als „*Gruppen von Personen, die sich in vielen subjektiven und situativen Aspekten ähnlich sind und untereinander mehr Kontakt haben als mit anderen Personen*" (ebenda, S. 414). Neben dem sozialen Rang sind auch Aspekte wie Wertorientierung und der Bezug zum Erlebnis grundlegende Identifikationspunkte für die Bildung sozialer Milieus. Durch empirische Erhebungen arbeitet SCHULZE (1997) fünf unterschiedliche Milieus heraus, die sich bezüglich Alltagserfahrung (z.B. Beruf, Mitgliedschaft in Verbänden, Vereinen oder Parteien) und Alltagsästhetik (z.B. Interessen, Hobbys, Veranstaltungsbesuche) unterscheiden. Er nennt diese Gruppen: Niveau-, Harmonie-, Integrations-, Selbstverwirklichungs- und Unterhaltungsmilieu. Diese differenzieren sich v.a. nach Bildung und Alter.

Wichtig sind hierbei die Begriffe des Lebensstils und der Lebensstilgruppe. Obwohl der Begriff Lebensstil „*selbst so alt ist wie die Soziologie*" und z.B. von Max Weber zumeist als Synonym für Lebensführung verwendet wird (REINHOLD 1997, S. 401), spielt er in der modernen Kultursoziologie und ganz besonders in der Freizeit- und Tourismusforschung eine zentrale Rolle. Der Studienkreis für Tourismus (zitiert in OPASCHOWSKI 1997, S. 307) versteht darunter „*ein Muster/Set von Einstellungen und Verhaltensweisen, das für das tägliche Leben relevant und bei einer Gruppe von Personen ähnlich ist*". Merkmale, die zur

---

10 Nach SPIVAK (1974, zitiert in RITZER 1997b, S. 28) ist eine Struktur „*a unit composed of a few elements that are invariably found in the same relationship within the 'activity' being described. The unit cannot be broken down into its single elements, for the unity of the structure is defined not so much by the substantive a nature of the elements as by their relationship.*"

Ausprägung von Lebensstilen führen, sind empirisch feststellbar. Vielleicht lässt sich die Bildung von Lebensstilgruppen, mit deren spezifischen Merkmalen und Infrastruktureinrichtungen mit dem Ansatz der Gotteskritik des Existenzialisten J.P. Sartre[11] deuten. Er wirft den Menschen vor, dass sie aus Furcht vor der absoluten Freiheit Gott als Verankerungs- und Identifikationspunkt erfunden haben. Da sie nicht wahrhaben wollen, in die Freiheit geworfen zu sein, flüchten sie zu Gott, so Sartre. Dementsprechend kann die Bildung von Lebensstilgruppen eine Flucht aus der Freiheit der Individualisierung sein.

Obwohl die Anforderungen des Arbeitsmarktes ein wesentlicher Motor der Individualisierung sind, spielt der Arbeitsplatz bei der Bildung von Lebensstilgruppen eine eher untergeordnete Rolle, da dieser relativ wenig *„Spielraum für die Verwirklichung von ganz persönlichen Zielen, Wünschen oder gar Träumen"* (OPASCHOWSKI 1997, S. 307) lässt. Die zunehmende Diversifikation der Lebensstile ist v.a. auf Freizeit- und Konsumgewohnheiten zurückzuführen. Lebensstilgruppen der Gegenwart bilden sich u.a. durch ähnliches Freizeitverhalten und vergleichbaren Erlebniskonsum (OPASCHOWSKI 1997).

Die Reaktion der Anbieter von Produkten und Dienstleitungen auf diese gesellschaftlichen Prozesse trägt scheinbar paradoxe Züge. Trotz der Überbetonung des individuellen Erlebnisses tendiert die post- bzw. spät-moderne[12] Gesellschaft zu einer Nachfrage nach berechenbaren Produktlinien, die wenig Überraschungen bieten. RITZER (1997a) bezeichnet dieses Phänomen als **McDonaldisierung**, das in mehreren Facetten sowohl in der Industrie als auch im Dienstleistungssektor auftritt.

Die Wurzeln der McDonaldisierung liegen in der industriellen Massenproduktion. Durch perfekte Rationalisierung werden Fertigungsabläufe optimiert; Kosten, Zeit und Lagerhaltung werden minimiert. Es können hohe Stückzahlen zu niedrigen Preisen produziert werden. Der Unterschied zur klassischen fordistischen Fließbandfertigung besteht unter anderem in der Weiterverarbeitung. Durch die extrem rationale aber flexible Herstellung der Standardprodukte sind scheinbar extravagante Weiterverarbeitungen leicht möglich. Ein gutes Beispiel ist die Automobilindustrie. Trotz einer Expansion unterschiedlichster Einzelmodelle basieren individuelle Fahrzeugtypen vielfach auf standardisierten Grundbausteinen, wie Fahrwerk oder Getriebe.

Dieses Grundprinzip hat nach RITZER (1998) auch im Dienstleistungssektor Einzug gehalten. Sehr erfolgreiche, international oder sogar global agierende Unternehmen diverser Sparten offerieren flächendeckend standardisierte Angebote, die dennoch verschiedene Auswahlmöglichkeiten bieten. Neben Fast-Food-Ketten zählen dazu u.a.

---

[11] Beschreibung der Gotteskritik Sartres: DELFGAAUW (1966)
[12] Siehe dazu RITZER 1997b

Kfz-Werkstätten, Möbelhäuser und Bereiche der Freizeit und Tourismusindustrie wie Hotels, Restaurants und Themenparks. Dabei bestimmen nach RITZER (1997a, 1998) folgende Grundbausteine den Prozess der McDonaldisierung:

- Effizienz durch klar definierte Ziele
- Berechenbarkeit durch exakte Quantifizierung von Arbeitsabläufen
- Vorhersagbarkeit durch Erwarten und Einhalten routinierter Abläufe
- Kontrolle durch Überwachung menschlichen Verhaltens
- Postmoderner Konsum durch Überbetonung des Erlebniswerts (diesen Aspekt hebt RITZER 1998 hervor)

Das Kapitel 3.1.1 stellt bedeutende Veränderungen in Gesellschaft und Wirtschaft dar. Stellvertretend hierfür sind die Individualisierungstheorie, die Theorie der Erlebnisgesellschaft und der Prozess der McDonaldisierung zu nennen. Auch die Freizeit- und Tourismusindustrie ist von diesen Prozessen erfasst worden, was im folgenden Kapitel näher erläutert wird. Als Kommunikationsorgan zwischen Besucher und Schutzgebiet und als Teil der touristischen Infrastruktur ist das SIZ von diesen Prozessen ebenso betroffen.

3.1.2 Freizeit- und Urlaubsverhalten auf dem Hintergrund aktueller Gesellschaftsentwicklungen

Parallel zu den gesellschaftlichen Entwicklungen von 1950 bis heute erfuhr auch das Verhältnis zwischen Arbeit und Freizeit einen Wandel. War in der Wirtschaftswunderzeit in den 50er und 60er Jahren des 20. Jahrhunderts *„das Leben in erster Linie zum Arbeiten, Schaffen und Aufbauen einer eigenen Existenz da"* (OPASCHOWSKI 1997; S. 29), hatten die Menschen in Deutschland um 1990 erstmals mehr Stunden zur eigenen Verfügung als für den Lebensunterhalt aufgebracht werden mussten. Diese Tendenz kann sowohl auf die Woche, das Jahr und das gesamte Leben bezogen werden. Dabei hat sich auch das Freizeitverständnis gewandelt. Nicht mehr Erholung und körperliche Regeneration stehen im Vordergrund, sondern Lebensgenuss und Wohlbefinden (OPASCHOWSKI 1997). Eine besondere Form ist hierbei der Tourismus, der Freizeit in geballter Form darstellt. Der Wandel des Freizeitverständnisses und das Mehr an Freizeit sind wichtige Motoren der Erlebnisgesellschaft nach SCHULZE (1993). Auf der Suche nach dem Glück verfolgen Lebensstilgruppen ähnliche Strategien, um *„Erlebnisse zu arrangieren"* (SCHULZE 1997, S. 736). Diese sogenannte Erlebnisrationalität spiegelt sich im Freizeit- und Urlaubsverhalten wider. Freizeitangebote definieren sich v.a. durch ihren Erlebnischarakter. Klassenadäquate Standardprogramme vergangener Jahrzehnte weichen dabei immer mehr zielgruppenspezifischen Angeboten. Ein gutes Beispiel hierzu ist das Urlaubsverhalten der Westdeutschen. Der Jahresurlaub war in den 60er Jahren durch schematisches Verhalten geprägt. Der Industriearbeiter z.b. genoss den ersten Wohlstand und fuhr mit seiner Frau und den beiden Kindern in seinem VW-Käfer an die Adria, um zwei Wochen Badeurlaub zu erleben. Für Tourismus-Manager waren die Verhältnisse klar. Entlang der Küste entstanden Bettenburgen, die Zimmer im unteren Preissegment anboten.

Blättert man dagegen heutzutage in den Katalogen der Reiseveranstalter, besteht die Option, zuerst das dreitägige Christmas-Shopping in New York zu buchen, bevor es über Weihnachten zum Segeln in die Karibik geht, um abschließend den Jahreswechsel in Paris zu erleben. Um sich von diesem „Action-Programm" zu erholen, wird das folgende verlängerte Wochenende im nächstgelegenen „Centerpark" verbracht. *„Als neuer Mega-Trend im Tourismus präsentiert sich v.a. der Wunsch nach interaktivem Erlebnisurlaub."* (MORASCH 1998, S. 53). „Urlaubsmonokulturen" der 60er Jahre sind viel differenzierteren Angeboten gewichen, was sich sowohl auf Urlaubsort, Urlaubsaktivitäten und Urlaubsdauer bezieht. Günstige Pauschalangebote ermöglichen es auch Menschen mit geringem Einkommen, an diesen Entwicklungen teilzuhaben. Da auch exotischste Urlaubswünsche im Paket gebucht werden können, braucht der Reisende von heute kaum mehr Abenteuergeist, spezifisches landeskundliches Wissen bzw. besondere Sprachkenntnisse.

Diverse Autoren fordern beim Urlaub in Deutschland die Schaffung klarer touristischer Produktlinien, um gesellschaftlichen Prozessen durch individuelle Angebote Rechnung zu tragen. ROMEISS-STRACKE (1998a, S. 16) setzt dafür jedoch die sofortige *„Veränderung veralteter Strukturen"* voraus. Nach STEINECKE (1997, S. 7) rücken dabei Inszenierungen im Tourismus immer mehr ins Rampenlicht und werden zum *„Motor der künftigen touristischen Entwicklung".* Er definiert Inszenierung als *„marktorientierte Umsetzung eines tourismusrelevanten Themas mit unterschiedlichen Einrichtungen, Akteuren, Partnern und Medien auf der Grundlage einer klaren Handlungsanweisung"* (ebenda, S. 8). Inszenierungen im Tourismus sind keine Erfindung der 90er Jahre. Bereits 1958 spricht ENZENSBERGER in seinem Aufsatz *„Vergebliche Brandung der Ferne"* von *„synthetischen Sehenswürdigkeiten nach Bedarf"* (ENZENSBERGER 1958, S. 714). Inszenierungen sind notwendig, um sich von der Konkurrenz mit ähnlichem Angebot abzuheben. Durch Inszenierung werden Angebote mit Erlebnissen und Symbolen mit hohem Wiedererkennungswert besetzt und damit für Zielgruppen ansprechend und interessant gestaltet (STEINECKE 1997). Dabei lösen Inszenierungen *„touristische Waren immer mehr vom konkreten Raum"* (WÖHLER 2000, S. 103). Nicht nur das soziale Leben ist räumlich und zeitlich entankert worden, sondern auch der Tourismus (ebenda). Folgende Beispiele illustrieren die Bandbreite touristischer und freizeitorientierter Inszenierung:

- Durch die Inszenierung bzw. Erfindungen von „Events" werden aus alltäglichen Gegebenheiten oder „aus dem Nichts" Erlebnisse produziert: Das Interalpen-Hotel Tyrol veranstaltet eine Silvesterparty im Hochsommer (STEINECKE 1997). Key West, die westlichste Insel der Florida Keys, ist jeden Abend Schauplatz der „Sunset Celebration". Das alltägliche Ereignis des Sonnenuntergangs, das mehr oder weniger überall auf der Erde gesehen werden kann, erheben die Veranstalter zum Event und somit zur erfolgreichen Touristenattraktion.
- Regionales Tourismusmanagement bewirbt Urlaubsregionen mit bestimmten Mottos und setzt diese in Veranstaltungen um. Der Tourismusverband Ostbayern beispielsweise steigert durch Jahresthemen das *„touristische Volumen der Region"* (SCHEMM, UNGER 1997, S. 30). Die Inszenierung der Jahresthemen durch Werbung und Events erweiterte das Image Ostbayerns. Neben den Attributen Wald, Ruhe, Erholung und preiswertes Ferienland assoziiert der Urlauber auch Kultur und regionale Individualität und Identität (ebenda).
- Künstliche Erlebniswelten bilden die Spitze touristischer und freizeitorientierter Inszenierung. Abgeschlossene Themenwelten entstehen, *„in denen der Besucher klar definierten Reizen ausgesetzt ist"* (FICHTNER 1997, S. 78). Ähnlich dem Prozess der McDonaldisierung wollen Erlebniswelten ihre Angebote perfekt durchplanen und Unvorhersehbarkeit des Alltags reduzieren. RITZER (1998, S. 136) spricht sogar von „McDisneyization". Die Disneyparks setzten durch ihren immensen Erfolg, der u.a. auf perfekter Organisation beruht, Maßstäbe in der Freizeitindustrie. Die Bandbreite hierfür ist fast unbegrenzt: Sie reicht von Museen der neuen Generation über Brand-/Corporate Lands, groß angelegten Freizeitparks, Erlebniskaufhäusern bis zu künstlichen Urlaubswelten. Die Achtung regionaler Identität ist hierbei nicht erforderlich.

Die Arbeitsmethodiken inszenierter Erlebniswelten beleuchtet das nächste Kapitel, da hiervon wichtige Impulse für die Zielsetzung der Arbeit ausgehen, die darin besteht, einen Leitfaden für SIZen zu erstellen.

3.1.3 Arbeitsmethodiken und Erfolgsrezepte von Erlebniswelten

3.1.3.1 Definition und Differenzierung des Begriffs Erlebniswelt

Die Suche nach individuellen Erlebnissen ist ein wichtiges Kennzeichen der Gesellschaften westlicher Industrienationen im Übergang von 20. ins 21. Jahrhundert (vgl. Kapitel 3.1.1). Die Betreiber von Freizeit-, Urlaubs- und Konsumwelten arbeiten mit dem Bedürfnis der Menschen, über Auswahl und Arrangements verschiedener Faktoren Erlebnisse zu konsumieren.

Eine genaue Differenzierung zwischen verschiedenen Typen künstlicher Welten ist nur schwer durchführbar. Der Begriff Erlebniswelt versucht, unterschiedliche Typen postmoderner Einrichtungen mit Publikumsverkehr zusammenzufassen. „Erlebniswelt" wurde beispielsweise von KAGELMANN (1998) definiert.[13] Die folgende Definition des Autors ist an diese Begriffsbestimmung angelehnt, erweitert sie aber:

> Erlebniswelten sind abgeschlossene, künstlich gestaltete, im Echtraum gebaute halböffentliche Einheiten, die zu dem Zweck geschaffen werden, durch genau bestimmte Reize Erlebnisse für ihre Besucher erfahrbar zu machen. Die hervorgerufenen Erlebnisse dienen dabei entweder als Selbstzweck oder als Medium für weiterführende Ziele. Die Übergänge zwischen Erlebnis als Selbstzweck und Erlebnis als Medium sind fließend.

3.1.3.1.1 Erlebniswelten mit dem Erlebnis als Selbstzweck

Dient das Erlebnis als Selbstzweck, ist dies zumeist mit der Absicht der Anbieter gepaart, kommerzielle Erfolge zu erzielen. Mit dem Lösen der Eintrittskarte kauft der Kunde Erlebnisse. Die Suche nach Spiel und Unterhaltung sind in der Menschheitsgeschichte nichts Neues. Infrastruktureinrichtungen für Erlebniszwecke sind ebenfalls keine Erfindung der letzen Jahrzehnte (KAGELMANN 1993). Eines der markantesten Beispiele ist wohl das Kolosseum in Rom, das auch noch heute genügend Mystik ausstrahlt, um publikumswirksam von der Filmindustrie in Szene gesetzt werden zu können.[14] Der Zuwachs an künstlichen Ferien- und Freizeitzentren zeigt, dass eine große Nachfrage nach geplanten Erlebnissen vorhanden ist. Die perfekte Inszenierung steht

---

[13] "Eine Erlebniswelt ist ein künstlich geplanter, kommerzieller Freizeit- (oder Urlaubs-)bereich, in dem geplant versucht wird, den dafür i.d.R. Eintritt zahlenden Menschen besonders viele Funktionen zu vermitteln und dabei als besondere Dienstleistung emotionale Erlebnisse für einen begrenzten Zeitraum zu verschaffen. Es geht um Angebotsvielfalt, es geht aber auch um Gefühle – Spaß, Freude, Glückszustände usf." (KAGELMANN 1998, S. 61).

[14] Vgl. den Film Gladiator

hierbei im Vordergrund. Die Übergänge zwischen verschiedenen Typen sind fließend, der Hauptunterschied ergibt sich durch das Angebot (KAGELMANN 1998). Ein wichtiges Unterscheidungskriterium zwischen verschiedenen Typen ist die Aufenthaltsdauer innerhalb der Anlage, die entweder ein kompaktes umfassendes Programm für den Kurzurlaub bietet oder Attraktionen bereitstellt, die Tagesausflügler nutzen. Allgemeinverbindliche Abgrenzungen gibt es kaum. Im folgenden werden verschiedene Definitionen und Differenzierungen innerhalb dieses Genres kurz skizziert.

EBERT (1998, S. 193) differenziert innerhalb dieser Bandbreite zwischen Vergnügungsparks, die der „*Volksbelustigung*" dienen, stärker auf Aktivität bezogene Einrichtungen, wie Revierparks im Ruhrgebiet, und „*Centerparks, die eher tropische Paradieswelten mit Sport und Relaxingangeboten verbreiten wollen.*"

SCHROEDER (1998, S. 118) beispielsweise versteht unter einem Ferienzentrum eine „*Großanlage für touristische Zwecke; oft mit integriertem Freizeitzentrum. Ein Freizeitzentrum besteht aus einer geplanten Einheit von Apartments oder Bungalows, Geschäften, Bank, Post, Sporthalle, Schwimmbad/Wellenbad u.a. ...*". Das markanteste Kennzeichen für ein Ferienzentrum - wie Centerparks - ist die Kombination aus vielfältigen Freizeit- und Übernachtungsangeboten.

Nach KAGELMANN (1993, S. 407f) haben sich im deutschen Sprachraum die Begriffe „Freizeitpark" und „Themenpark" parallel entwickelt. Laut seiner Definition ist ein Themenpark „*eine abgeschlossene, großflächig angelegte, künstlich geschaffene, stationäre Ansammlung verschiedenster Attraktionen, die [sich] fast immer außerhalb großer Städte/ Metropolen befindet, die ganzjährig geöffnet und kommerziell strukturiert ist ... Sie zielen traditionellerweise besonders auf den Kurzreisen- und Ausflugsverkehr und versuchen, ein differenziertes Angebot für „die ganze Familie", für nach Geschlecht, Alter, Schichtzugehörigkeit, Bildungslevel unterschiedlich geartete Zielgruppen zu machen ... Das konstitutive Merkmal ist die thematische Geschlossenheit.*" Zu den Freizeitparks zählt KAGELMANN (1993) auch „Spaßbäder", die sich vom „klassischen" Hallenbad mit melangefarbenen Fließen und einem 10x25m Becken abheben.

Eine Mischform zwischen Erlebnis als Selbstzweck und Medium stellt einer der wohl bekanntesten Themenparks Disneyworld/Magic Kingdom in Orlando/Florida dar. Glück-Erleben steht im „happiest place on earth" durch ausgeklügelte Strategien klar im Vordergrund, weshalb dieser Themenpark auch im Rahmen dieses Unterkapitels behandelt wird. Der Erlebnisprozess, der in Magic Kingdom und weiteren Disneyparks hervorgerufen wird, führt zu weiteren Zielen wie: Erhöhung des Bekanntheitsgrades von Disneyprodukten, z.B. von neuen Filmen, Umsatzförderung von Merchandisingartikeln (vgl. RITZER 1998), sowie Aufrechterhaltung konservativer Werte und Unterstützung von amerikanischem Patriotismus, wie in der „*Hall of Presidents*".

Zu dieser Bandbreite von Erlebniswelten, die Erlebnisse als Selbstzweck erfahrbar machen, gehören auch zahlreiche weitere Einrichtungen, wie z.B. Urban Entertainment Centers, Kinos oder Discotheken.

Die Entwicklung von künstlichen weitflächigen Ferienzentren, die Erlebnisse vorrangig als Selbstzweck anbieten, basiert in Deutschland auf vier Stufen. Waren sie in der ersten Generation um 1950 – 1980 noch „*Fremdkörper in der Landschaft*", wurden sie schrittweise in regionalwirtschaftliche[15] und landschaftliche Strukturen eingebunden und umweltverträglich gestaltet.[16] Die neueste vierte Generation vermarktet sogar die Umweltqualität (DOGTEROM, SIMON 1997, S. 118). Nach MORASCH[17] ist bei Freizeitparks eine Inflation des Erlebnisses unumgänglich. Technische Innovation treibt dabei die Erlebnisspirale immer weiter nach oben.

3.1.3.1.2 Erlebniswelten mit dem Erlebnis als Medium für weiterführende Ziele

Erlebniswelten „verkaufen" Erlebnisse nicht nur als Selbstzweck. Das Produkt Erlebnis kann für weitere Zwecke instrumentalisiert werden. Das Primärziel kann verschiedenste Ausprägungen haben, was folgende Beispiele verdeutlichen:

„*Corporate Lands sind Themenwelten, die zur Unternehmenskommunikation genutzt werden: Der Besucher erlebt das Unternehmen als eigentliche ‚Welt'.*" (Definition nach SECVIK, zitiert in STEINECKE 1997, S. 10).
„*Brand Lands sind Themenwelten, die zur Kommunikation und Marketing einer Marke genutzt werden: Der Besucher erlebt die Marke/das Produkt als eigentliche ‚Welt'.*" (ebenda).

Die Idee, dass Firmen sich selbst und ihre Produkte in museumsähnlichen Einrichtungen präsentieren, geht zurück bis ins 19. Jahrhundert. Der Ursprung lag in den Sammlungen gesamter Produktpaletten einer Firma. Als Pionier beschreibt DANILOV (1991) die „Baltimore & Ohio Railroad's Collection", die erstmals 1890 ihre Lokomotiven auf Ausstellungen präsentierte. Das erste stationäre „Corporate Museum" gehörte zur Wurlitzer Company und entstand 1892 in Pittsburgh. Als Aufgaben von Corporate Museums, Galleries und Visitors Centers nennt DANILOV (1991) den Erhalt der Unternehmensgeschichte, die Steigerung der Identifikation mit den Angestellten, Werbung für die eigene Produktlinie, die Förderung der Allgemeinbildung über Technologien, Wissenschaft oder Wirtschaft und die Schaffung einer touristischen Attraktion (DANILOV 1991). Moderne Brand- und Corporate Lands müssen, wie die angeführten Defini-

---

[15] Zweite Generation 90er Jahre
[16] Dritte Generation um 1995
[17] Vortrag im Rahmen des Eichstätter Tourismusgesprächs im November 1998

tionen von SEVCIK fordern, die Bedeutung des Erlebniswerts ihrer Firma mit ihren Symbolen und ihrer Produktlinie ins Rampenlicht rücken. Grund hierfür ist die hohe Bedeutung des Erlebniswerts eines Produkts bei der Kaufentscheidung (vgl. Kapitel 3.1.1). Deshalb wollen sie beim Kunden positive Emotionen erzeugen, die in Assoziation mit der eigenen Firma, Marke oder Produkt stehen. Ein Beispiel für ein Corporate Land der neuesten Generation ist die Erlebniswelt „Kristallwelten" der Firma Swarovski in Wattens, Tirol. Der Künstler André Heller schuf ein „begehbares Kaleidoskop", dessen Intention die Erzeugung herausragender Emotionen ist, die die Gäste mit den Kristallprodukten der Firma assoziieren sollen. Reine Informationen über die Unternehmensgeschichte oder die aktuelle Produktpalette stehen im Hintergrund.

Konsumwelten, wie das CentrO in Oberhausen, verkaufen ebenfalls Erlebnisse wie Freizeit- oder Ferienzentren, jedoch nur über den Umweg des Produkts. *„Places of consumption"* sind nach SACK (1992, S. 134f) Ikonen modernen bzw. postmodernen Lebens. Das Bedürfnis des Menschen nach Erlebniskonsum erschafft diese neuen Orte. Durch zahlreiche Erlebnisangebote wie Events, auffällige Architektur und vielfältige Wahlmöglichkeiten (Bistros, modernes Warenangebot) schafft die Erlebniswelt Kaufhaus eine *„emotionale Begehrenssituation"* (STEINECKE 1997, S. 15), die der Kunde durch Kauf von Produkten und den damit verbundenen Erlebniswerten befriedigt (SACK 1992).

Nach RITZER (1998) stehen **Themenhotels** in der Tradition von Disneyworld. Durch Perfektionierung und Standardisierung klassischer Abläufe im Hotel kann selbst eine hohe Gästezahl optimal versorgt werden. Diese straffe Koordinierung von Abläufen setzt Potenziale frei. Die Planer von Themenhotels ergänzen diesen Standard durch die Inszenierung eines Themas. Extravagantes Design mit hohem Wiedererkennungswert, Ambiente und Events machen aus dem Beherbergungsbetrieb einen Anbieter von Erlebnissen.

Ähnliches gilt für die **Erlebnisgastronomie**. Restaurants und Hotels werden durch die Inszenierung von Themen zur Erlebniswelt (STEINECKE 1997). Die standardisierte Restaurantkette „Rainforest Café" bietet z.B. Speisen und Getränke in einer nachempfundenen Regenwaldatmosphäre an. Die Gastronomiekette „Planet Hollywood" besetzt ihre Mahlzeiten mit einem Hauch „Glamour" der Filmindustrie.

Museen der neuen Generation: Das Gutachten „Die Museen – Besucherorientierung und Wirtschaftlichkeit" (in BECKER, HÖCKLIN 1996, S. 309) untersuchte deutsche Museen in Hinblick auf die genannten Kriterien. Es fordert, dass Museen im verstärkten Maße Orte der „*sinnvolle*[n] *Freizeitgestaltung*" werden und dadurch zur „*Steigerung der Anziehungskraft*" des jeweiligen Orts beitragen. Die klassischen Aufgabenbereiche von Museen: Sammeln/Bewahren, Forschen und Bilden sollen um diese beiden weiteren

Punkte ergänzt werden. Nach der Definition der internationalen Museumsvereinigung ICON ist der Punkt „*enjoyment*" ein Museumsauftrag, der jedoch in der deutschen Version oftmals weggelassen oder mit „*Erbauung übersetzt wird*" (ebenda). Einige Museen versuchen, auf aktuelle Trends zu reagieren und streben eine Entwicklung zu Erlebniswelten an. STEINECKE (1997) führt u.a. folgende Beispiele auf: Voyage au Temps des Impressionistes/Chateau d'Auvers (F),[18] Aquarius Wasser-Museum/Mülheim und das Schokolade Museum/Köln.

Die Popularisierung der Museen stößt aber auch auf Kritik. KIRCHBERG (2000) diskutiert, ob und wie der Trend der McDonaldisierung auf deutsche Museen übergreift. Er lehnt sich dabei an RITZERs Kernthesen an (vgl. Kap 3.1.1), beschreibt und bewertet wahrnehmbare Entwicklungen. Er trennt zwischen „Nicht-McDonaldisierten" und „McDonaldisierten Museen", die er als Synonyme für konventionelle Museen und Museen der neuen Generation verwendet. KRÖNIG (zitiert in KIRCHBERG 2000) rügt bei der neuen Generation die Trivialisierung des Angebots, die Förderung hedonistischer Strukturen, die Kommerzialisierung und v.a. die Inszenierung der Ausstellung, die authentische Exponate verfälschen. Nach KIRCHBERG (2000) wertet die Mehrheitsmeinung in den Leitungsetagen deutscher Museen die Aufgabe Bewahren von Exponaten weitaus bedeutender ein als die Vermittlung von Aussagen. Er stellt hingegen fest, dass „*ziel- und besucherorientiert*" und somit effizient arbeitende Museen „*erfolgreicher und letztlich lebensfähiger*" sind als ihre „*Antagonisten*" (ebenda, S. 127). Das heißt jedoch nicht, dass von quantitativen Parametern wie Zahl der Exponate, Besucherzahl oder Jahresumsatz kritiklos auf die Qualität eines Museums geschlossen werden kann. Als ambivalent betrachtet KIRCHBERG die Standardisierung von Museen. „McDonaldisierte" Bildungseinrichtungen, die seiner Meinung nach eine logische Folge kultursoziologischer Prozesse sind, werden einander immer ähnlicher und erreichen durch ihr populäres Konzept breite Massen. Ein bekanntes Beispiel sind die Museen der Guggenheim-Stiftung, die weltweit zu finden sind. Kleine Museen hingegen sorgen langfristig für eine hohe Vielfalt. Fortschreitende Standardisierung kann aber zur Homogenisierung von Besonderheiten und somit sogar zur Erlebnisverarmung für den Besucher führen.

Die Kontrollmaßnahmen, die diese zwei Museumstypen ergreifen, sind sehr unterschiedlich. Bei konventionellen Museen gilt das Hauptinteresse häufig der Sammlung und Bewahrung von Exponaten, wobei der Besucher zum Fremdkörper degradiert wird. Nach KIRCHBERG (2000) nutzen die „Nicht-McDonaldisierten Museen" Barrieren, wie knappe Öffnungszeiten und hohe Eintrittspreise, um hohe Besucherzahlen zu vermeiden. Der neue Typ Museum interpretiert den Punkt Kontrolle aus einer ganz

---

[18] Bei der „*Voyage au Temps des Impressionistes*" handelt es sich um „*kein Museum im klassischen Sinne*", sondern um einen „*Erlebnisrundgang, der mit Hilfe von Bildern und Ausstattung die Epoche der Impressionisten auf einer Gesamtfläche von 2000m² wieder zum Leben erweckt.*" (Puydebat 1997, S. 149).

anderen Blickrichtung. Die eingesetzten Kontrollinstrumente sollen dazu beitragen, ein Maximum an Erlebnispotenzial für Besucher bereitzuhalten. Dazu gehören lange Öffnungszeiten, die permanente Wartung der Ausstellung oder die Vermeidung von langen Wartezeiten. Auch die Form des „Erlebniskonsums" unterscheidet beide Museumstypen. Exponate des konventionellen Typs betonen die „*Aura der Authentizität, mit der eine spezifische, nicht immer einfach zu erkennende Erlebnisqualität einhergeht*" (ebenda, S. 138). Auch wenn moderne Inszenierungen in Museen der neuen Generation nicht-authentisch sind, zielen sie auf authentische Erlebnisse der Besucher ab (KIRCHBERG 2000). Diese Differenzierung zwischen objekt- und aktivitätszentrierter Authentizität führt auch WANG (2000) durch. „Objektzentriert" bezieht sich auf die Echtheit, Geschichte und Identität eines Objekts, die im Regelfall von Fachleuten bestätigt werden. Aktivitätszentrierte Form von Echtheit bedeutet dabei soviel wie: „sich selber ehrlich sein". KIRCHBERG (2000) fordert zum Dialog zwischen beiden Typen von Museen auf, wobei Synergien anzustreben sind.

3.1.3.2 Methoden und Erfolgsrezepte von Erlebniswelten

Die Art und Weise, wie touristische Angebote Erlebnisse schaffen können, kann kaum auf einfache Formeln reduziert werden. Ein Versuch, solche Kriterien plakativ zusammenzufassen, ist das „*DESIRE-Modell*" nach STEINECKE (1997, S. 15). Es fasst „*Leitideen für die praktische Tourismusarbeit*" zusammen, um nach STEINECKE „*eine einmalige und emotional hoch geladene Begehrenssituation zu schaffen*" (ebenda). Er überträgt seine Ideen auf verschiedene Facetten im Freizeit- und Tourismusbereich, wie Events und Erlebniswelten. Das folgende Kapitel basiert auf dieser Aufzählung, erweitert und erläutert sie jedoch durch Aussagen weiterer Autoren. Die aufgeführten Punkte können keinen Anspruch auf Vollständigkeit erheben. Im Anschluss an STEINECKEs Leitideen stellt das Kapitel weitere Faktoren dar, die spezieller auf den Erfolg von Erlebniswelten abzielen. Die Erfolgsrezepte von Erlebniswelten sind ein wichtiger Schritt zur Formulierung theoretischer Kriterien für SIZen, da diese auch eine Form von Erlebniswelt darstellen können, wie Kapitel 3.1.4 zeigt.

Ansprechendes **Design** mit hohem ästhetischen Stellenwert ist wichtig, um „*am Markt wahrgenommen zu werden*" (STEINECKE 1997, S. 15). Dazu gehört sowohl eine hohe Eigenattraktivität des Gebäudes als auch eine attraktive Innengestaltung (LAUBENTHAL 1999). Die Wahl des Designs trägt dazu bei, Lebensstilgruppen anzusprechen, wobei Symbole eine wichtige Rolle spielen. Ein uriger Bauernhof mit Heustadel und Blasmusik wird wahrscheinlich vom Harmoniemilieu nach SCHULZE (vgl. Kapitel 3.1.1) sicherlich positiver wahrgenommen als vom Niveaumilieu. Die Gestaltung einer Erlebniswelt durch Architektur, Licht und Farben ist Hauptbestandteil einer angenehmen Atmosphäre, die OPASCHOWSKI (1998, S. 25) als einen zentralen Aspekt des „*Glückserlebens*" sieht. Die Bedeutung der Ästhetik des Umfeldes zeigt sich deutlich in Ausflugslokalen. Der Kunde ist gerne bereit, für die gleiche Tasse Kaffee in einem Straßencafé 50% mehr zu bezahlen, wenn er dafür den Blick auf den See, die Bucht, die Bergkette, über die Innenstadt oder auf den zentralen Stadtplatz genießen kann, anstatt in der Seitengasse auf Hausmauern zu starren.

Eine Kernthese von Kapitel 3.1.1 ist die wachsende Bedeutung von **Erlebnissen**. Der Wert eines Produkts oder einer Dienstleistung definiert sich neben dem Gebrauchsnutzen über emotionale Zusatzleistungen und somit über den Erlebniswert. Dieser Erlebniswert wird zum sinnstiftenden Element einer Erlebniswelt, um den Besucher zu begeistern und zu binden. SCHOBER (1993, S. 138) differenziert das Urlaubserleben in vier verschiedene Teilbereiche. Eine Erlebniswelt kann dabei zu allen aufgezählten Bereichen einen Beitrag leisten:

- Exploratives Erleben: „*Suchendes Informieren*" oder „*Spielerisches Probieren*", „*Neugierig sein auf etwas Besonderes*" schaffen beim Besucher wohldosierte Reize, die ihn kurzzeitig vom Alltagstrott befreien.
- Soziales Erleben: Soziale Kontakte sind nicht zu unterschätzende Aspekte geglückten Urlaubs. OPASCHOWSKI (1998, S. 15) sieht das „*Geballte Vergnügen für die ganze Familie*" als Pluspunkt für den Besuch künstlicher Freizeit- und Ferienwelten. Die Kommunikation unter Besuchergruppen, z.B. Familien, kann in Themenwelten wieder angeregt werden, wofür im Alltag wenig Raum bleibt.
- Biotisches Erleben: Die Erfahrung ungewöhnlicher Körperreize ist Gegenstand dieses Erlebnisbereichs. Die Bandbreite reicht von Wärme auf der Haut, über besondere Gerüche bis zum extremen Adrenalinausstoß beim Bungee-Jumping. Erfolgreiche Themenparks wie Disneyworld arbeiten mit einem Mix verschiedener Sinneseindrücke: Achterbahnen durch dunkle Hallen, kontrollierte Schockeffekte, Begegnungen mit Stars wie „Mickey Mouse" und „Ariel der Meerjungfrau" oder gezieltem Einsatz von Düften.
- Optimierendes Erleben: Erlebnisreicher und somit gelungener Urlaub erhält durch positives Feedback im gewohnten Umfeld einen noch höheren Stellenwert. Nach dem Besuch einer Themenwelt kann der Besucher von seinen Erlebnissen berichten. Ein Kind z.B. kann unter seinen Freunden einen Statusgewinn verbuchen, weil es die Bekanntschaft von „Donald Duck" gemacht hat, um beim Beispiel Magic Kingdom/Disney World zu bleiben.

Emotionen der besonderen Art setzt das sogenannte „Flow-Erlebnis" frei, das sich am ehesten zwischen biotischem und explorativem Erleben einordnen lässt. Der besondere Reiz, der auf den Körper einwirkt, stellt sich von innen her ein. „Flow" - oder in Fluss sein - stellt dabei „*einen Zustand optimalen Funktionierens dar, in dem der Ausführende stark konzentriert ist und seine ganze Informationsverarbeitungskapazität den relevanten Reizen widmen kann*" (ANFT 1993, S. 14). Der Ausführende ist sich seiner Tätigkeit bewusst und empfindet dabei große Freude, da er ganz in der Situation aufgeht, die er optimal kontrolliert. Ein wichtiger Aspekt ist dabei das „*Anforderungs-Können-Gleichgewicht*" (ebenda), wobei die Tätigkeit, je nach eigenem Potenzial, jenseits von Angst und Langeweile liegt.

Der Punkt **Sicherheit** umfasst mehrere Aspekte und ist die eigentliche Domäne von Themenwelten. Urlaub und Freizeit in der „authentischen Welt" ist mit permanenten Unwägbarkeiten verbunden. Neben zahlreichen „Unsicherheitsfaktoren" (Wie wird das Wetter? Ist der Strand sauber? Wie verläuft der Kontakt mit Einheimischen?) trifft der Tourist täglich Entscheidungen, die in der Summe den Unterschied zwischen geglücktem und nicht geglücktem Urlaub ausmachen: Welchen Weg wähle ich bei der Wanderung durchs Gebirge? In welches Restaurant gehe ich heute etc. Der Kunde in Erlebniswelten ist von diesen Unsicherheiten befreit. Je nach Art der Themenwelt tangiert schlechtes Wetter den Aufenthalt nur z.T. oder gar nicht. Weite Fußwege und schwieriges Gelände trifft der Besucher nicht an, auf Bequemlichkeiten muss der Gast nicht verzichten. Einkehrmöglichkeiten bieten kaum Ungewohntes an und unterscheiden sich mehr im Design als bei der Auswahl angebotener Speisen oder beim Service. Hier zeigt sich wiederum die Ambivalenz zwischen individuellen Wünschen, die scheinbar paradox standardisiert befriedigt werden können (RITZER 1998). Da Erlebniswelten geplant und konstruiert sind, können Gefahrenquellen von den Planern minimiert werden. Unvorhersehbare Risiken für Gesundheit oder sogar Leben, die jeder Urlaub mit sich bringen kann, sind in künstlichen Welten fast nicht vorhanden. Falls doch etwas passieren sollte, ist der Schuldige schnell gefunden.

Kapitel 3.1.1 belegt, dass für den Erfolg von Freizeiteinrichtungen die Schaffung **zielgruppenorientierter** Angebote unumgänglich ist. Je eher und genauer Zielgruppen im Planungsprozess definiert werden, desto stärker ist für das touristische Produkt eine Profilierung am Markt möglich (vgl. DOGTEROM, SIMON 1997). Eine Firma, die beispielsweise ihren Kundenkreis kennt, kann je nach Marketingstrategie durch zielgruppenorientierte Gestaltung eines Brand- oder Corporate-Lands Stammkunden intensiver binden oder Neukunden werben, die anderen Lebensstilgruppen angehören. Gelungene Zielgruppenorientierung begleitet alle Schritte des Planungsprozesses und des laufenden Betriebs von Themenwelten. Dazu gehören sowohl außenorientierte Zielgruppenansprache wie Marketing, Beschilderung oder Standortwahl als auch innenorientierte Ausrichtung wie Architektur, Themenwahl, Story oder Eintrittspreis. Je genauer tatsächliche Kunden und potenzielle Nachfragestruktur bekannt sind, desto differenzierter ist Zielgruppenansprache möglich (FICHTNER 1997).

Ein Markenzeichen der Erlebnisgesellschaft ist der Übergang vom Einwirken zum Auswählen (SCHULZE 1993). Eine erfolgreiche Erlebniswelt schafft einen **Angebotsmix**, aus dem die Besucher entsprechend ihrer individuellen Vorlieben auswählen können. Je mehr Zielgruppen befriedigt werden sollen, desto breitgefächerter müssen die Angebote sein. Die Wahlmöglichkeiten variieren nach Ausrichtung und Größe der Erlebniswelt. Künstliche Ferienwelten stellen schon aufgrund ihrer flächigen Ausdehnung mehr Möglichkeiten zur Auswahl als beispielsweise Museen der neuen Generation. Centerparks z.B. bieten diverse Sportmöglichkeiten, Restaurants, Erlebnisbäder, Unterkünfte etc. Aber auch in kleinerem Rahmen - wie im Haus der Geschichte in Bonn - können Besucher neben dem eigentlichen Ausstellungsbereich auch andere Bausteine nutzen. Dazu zählen Sonderausstellungen, Shops mit Merchandising-Produkten und Caféterien.

Hierarchisierte Formen des Zugangs schaffen beim Gast das Gefühl, eine Sonderstellung zu genießen. Das Vermitteln des Gefühls von Exklusivität eignet sich sowohl zur Kommunikation mit strategischen Partnern, wie Sponsoren, Presse oder Lokalpolitikern, als auch zur intensiven Kundenbindung. Beim Gast steht dieser Punkt im engen

Zusammenhang mit der Optimierung des Erlebnisses: Er fühlt sich bevorzugt, wichtiger als andere und kann dadurch einen Statusgewinn in seinem sozialen Umfeld verbuchen. Denkbar wäre in einer Erlebniswelt eine Führung durch die Hausleitung, bei der auch Räume betreten werden, die nicht öffentlich zugänglich sind. Ferner gehören zu diesem Aspekt Mailing-Aktionen an Stammkunden, Abendveranstaltungen mit Einladung etc.

Ein weiteres Erfolgsrezept in Tourismus – speziell bei Inszenierungen – ist die Orientierung des Angebots an einem bestimmten Thema, das allgemein bekannt ist (MORASCH 1998). Nach KAGELMANN (1998) erfüllen Thematisierungen in Erlebniswelten wichtige Zwecke: Durch das leicht lesbare Design reduzieren sie Komplexität und bilden einen deutlichen Kontext der Erlebnisse. Die Forderung haben v.a. **Themenwelten** aufgegriffen, die eine besondere Form von Erlebniswelten darstellen. Nach STEINECKE (auf Basis eines Manuskripts von SEVCIK 1997, S. 10) sind Themenwelten *„im Echtraum gebaute, abgeschlossene Umgebungen, in denen der Besucher Inhalte mittels Themen, Stories und Attraktionen erlebt".* Nach der Definition ist die Spannbreite groß. Zu den Themenwelten zählen sowohl Themenparks, Themenrestaurants, Themenhotels als auch Museen der neuen Generation. Da auch ein modernes SIZ (siehe nächstes Kapitel) eine Themenwelt sein kann, lohnt sich der Blick auf die Methodik dieser Erlebniswelten:

- Die Attraktionen einer Themenwelt stehen unter einem bestimmten Motto. Die Wahl soll nach MORASCH (1998) auf ein Thema fallen, das Begeisterung auslösen und emotionsgeladene Assoziationen wecken kann. Wichtig sind in diesem Zusammenhang hohe *„Wiedererkennungs- und Wiederfindungswert[e]"* (STEINECKE 1997, S. 10). MORASCH (1998) führt u.a. folgende Beispiele gelungener **Themenwahl** auf: Indianer, Steinzeit, Römer, Piraten und Urwaldflüsse.
- Eine Themenwelt mit Leben zu füllen, ist Aufgabe der **Story** (STEINECKE 1997). Sie verbindet die Komponenten der Erlebniswelt zur Geschichte. Indem der Besucher der Themenwelt den vorgegebenen Rundgängen folgt, erlebt er spannende Geschichten. Ein gelungener dramaturgischer Leitfaden vermittelt über Emotionen eine Atmosphäre, die die Geschichten zu Erlebnissen werden lassen.
- Die Kombination von Thema und Story und deren Integration im Raum bezeichnet SEVCIK (zitiert in STEINECKE 1997) als **Inszenierung**. Nach ROMEISS-STRACKE (1998b, S. 179) heißt Inszenieren *„in Szene setzen".* Eine gelungene Inszenierung schließt alle Komponenten der Themenwelt mit ein: vom Design bis zum Erlebnis. Durch eine perfekte Inszenierung soll sich der Besucher mit der Themenwelt identifizieren.

3.1.4 Erlebniswelt SIZ – Diskussion, Einordnung und Folgerungen

3.1.4.1 Diskussion

Die sinnstiftende Aufgabe aller SIZen besteht darin, zwischen der Natur der Schutzgebietsfläche und ihren Besuchern zu vermitteln. Wie die Ausführungen in Kapitel 3.1.2 und 3.1.3 gezeigt haben, ist das bewusste „in Szene setzen" von Themen ein Erfolgskonzept im Tourismus. Gerade in Themenwelten kann die perfekte Inszenierung der Schlüssel zum Erfolg sein (Kapitel 3.1.3.2). Gerade aber an der Inszenierung von Natur scheiden sich die Geister.

Eine gelungene Themenwahl zeigt sich darin, dass beim Besucher aufgrund hoher Wiedererkennungswerte zahlreiche positive Assoziationen geweckt werden (vgl. Kapitel 3.1.3.2). Ein solches Leitmotiv, durch das Attraktionen zur perfekten Inszenierung und somit zum Erlebnis werden, kann die Natur sein. Ein Beispiel ist hierbei der „Ocean Dome" in Miyazaki City/Japan. Der „Ocean Dome" ist eine Erlebniswelt, in der durch Kinos, Fahrgeschäfte und weitere Attraktionen zahlreiche Erlebnisse hervorgerufen werden. Als Themenwelt orientiert sich der „Ocean Dome" an den Leitmotiven: Küste und Meer. Durch aufwendige Inszenierungen werden Attraktionen, wie Rutschen und interaktive Kinos, zum Naturerlebnis aus zweiter Hand. *„Der Investor kommentiert den Ocean Dome mit den Worten: „This is a place where we can feel that we are a part of nature."* (HASSE 1998, S. 168). Auch beim Disney-Konzern steht das Thema Natur hoch im Kurs. Beleg dafür ist die Eröffnung des Themenparks „Animal Kingdom" in Florida, der seinen Besuchern eine Erlebnissafari aus der Retorte anbietet.

Für MORASCH (1998) ist die Inszenierung der Realität ein entscheidendes Kriterium, das zum Gelingen einer künstlichen Urlaubswelt beiträgt: *„Dem Betrachter wie auch dem Akteur muß eine Traumwelt mit absolutem Realitätsbezug angeboten werden."* (ebenda S. 55). Im Rahmen des Eichstätter Tourismusgesprächs[19] im November 1998 postulierte er, die „langweilige" reale Natur in Erlebniswelten zu kopieren, zu perfektionieren und somit zum absoluten Erlebnis aufzubereiten. Ein Bericht aus DIE ZEIT vom 8.12.1989 [20] illustriert den Erfolg dieser Denkrichtung durch das Beispiel einer USA-Reise. Die Teilnehmer dieser Reise nehmen den realen Grand Canyon weitaus weniger attraktiv wahr als die Inszenierung desselben im Erlebniskino. Für SIZen würden sich durch die perfekte erlebnisorientierte Inszenierung der Natur, bei der das „Naturerlebnis" aus der Retorte als Selbstzweck dient, folgende Vorteile ergeben:

---

[19] Zweitägige Veranstaltung des Fachgebiets Geographie der Katholischen Universität Eichstätt
[20] In OPASCHOWSKI 1998, S. 33

- „Faszinierende" Natur-Inszenierungen à la „Ocean Dome" treffen den Geschmack der Massen. Durch die zu erwartenden Einnahmen werden die Budgets der Träger aufgebessert, die häufig staatlich organisiert sind.
- Viele deutsche Großschutzgebiete befinden sich in Mittelgebirgsregionen mit relativ gering ausgebauter touristischer Infrastruktur (DIEPOLDER, dwif 2000). Diese können durch Themenwelten mit perfekter Naturinszenierung eine neue Attraktion schaffen und sich dadurch auf dem Tourismusmarkt profilieren.
- Durch die hohe Attraktivität konzentrieren sich Besucherströme auf einen Punkt. Sensible Ökosysteme werden entlastet. Müllentsorgung und Ressourcenverbrauch können zentral gelöst werden.
- Durch Imagewandel können Schutzgebiete neue Kundenkreise unter der jungen Bevölkerung gewinnen. Über die Begeisterung der Anwohner kann deren Akzeptanz für das Schutzgebiet gefördert werden.

Sind SIZen der Zukunft Erlebniswelten, die durch das Erlebnismedium Natur herausragende Erlebnisse als Selbstzweck erfahrbar macht?

Durch die Rolle von SIZen als Mediatoren zwischen Gesellschaft und Raum kann die Antwort auf diese Frage nur ein klares „Nein" sein. Obwohl in Mitteleuropa ursprüngliche Natur, aufgrund anthropogener Nutzung, kaum mehr vorhanden ist, existiert zwischen Kulturlandschaften und künstlichen Erlebniswelten ein gravierender Unterschied. Letztere sind technisch simuliert und erlebbare Reize sind vorprogrammiert (HASSE 1998). Erlebniswelten lösen die *„Authentizität einer Erfahrung ... vom natürlichen Ort der Natur"* ab. *„Technisch simulierte Natur in Ferienparadiesen baut auf die Entfremdung des Menschen von der eigenen Natur und potenziert seine Blindheit gegenüber der ‚freien Natur'."* (ebenda, S. 168f). Die Kopie der Natur entfremdet den Menschen von der realen Umwelt und somit *„von seinen eigenen Lebensvoraussetzungen"* (ebenda S. 169). Die geplante, gesteuerte Entfremdung des Menschen steht auch im krassen Gegensatz zu grundlegenden philosophischen Denkrichtungen. Authentizität als Gegenstück zur Entfremdung ist ein zentrales Thema, beispielsweise bei Arbeiten von Marx, Sartre und Heidegger (WANG 2000).

Orte zeichnen sich nach AUGÉ (1995) durch eine eigene spezifische Identität, Geschichte und gewachsene Bezüge zu anderen Orten aus. Beliebig neugeschaffene Orte – wie Erlebniswelten – ohne diese fundamentalen Eigenschaften bezeichnet er folglich als „Nicht-Orte". Leben in der „Supermoderne", wie es Augé nennt, spielt sich immer häufiger an Nicht-Orten ab: Fastfood-Restaurants, Geldautomaten, Duty-Free Shops, Autobahnen, Supermärkte, Einkaufszentren oder Wartehallen in Flughäfen zeugen nicht von Individualität. Sie sind zweckgebunden errichtet und – aus vielfältigen Gründen – weltweit austauschbar, identisch und kundenorientiert. Menschen, die an Nicht-Orten handeln, werden auf wenige Eigenschaften reduziert: Fahrer, Gast oder Kunde.

Durch den Identitäts-, Geschichts- und Kontextverlust von Nicht-Orten verlieren auch die darin handelnden Menschen diese Eigenschaften. Durch die Reduktion der Orte und Menschen auf wenige Eigenschaften, die wachsende Austauschbarkeit von Orten und Menschen und die verarmte, z.T. wortlose Kommunikation, die an Nicht-Orten vorherrscht, prognostiziert AUGÉ (1995) *„only solitude, and similitude"* (S. 103). Weiter schreibt er: *„The non-place is the opposite of utopia, it exists, and it does not contain any organic society."* (S. 112).

Sogar die „Traumfabrik Hollywood" hat auf kritische Weise vorgeführt, wohin die absolute Inszenierung führen kann. Der Film „The Truman Show" illustriert, wie die perfekt simulierte Traumwelt für ein Individuum zum authentischen, realen Raum werden kann.

Das Vermeiden bzw. Aufheben der Entfremdung des Menschen von der Natur ist ein Hauptziel moderner Umweltbildung (vgl. Kapitel 3.2).[21] SIZen als Umweltbildungsstätten sind dazu aufgefordert, einen Beitrag zu leisten, die erlebnisorientierte Gesellschaft an die Natur heranzuführen und aufzuzeigen, dass Menschen zu dieser Natur gehören.

Somit stellt sich die Frage, welchen Rang SIZen in der Reihe der Erlebniswelten einnehmen, um die sinnstiftende Mediationsaufgabe erfüllen zu können, bzw. wie – im Sinne Augés – ein potenzieller Nicht-Ort einen Ort präsentieren kann. Dazu müssen SIZen Erlebnisse erfahrbar machen und gleichzeitig Menschen an die Natur heranführen.

3.1.4.2 Einordnung

Kapitel 3.1.3 differenziert zwischen verschiedenen Typen von Erlebniswelten und erläutert deren Erfolgsrezepte. Von diesen Erfolgsrezepten können positive Impulse auf das SIZ ausgehen. Das Ziel der Einordnung des SIZ in die Reihe von Erlebniswelten ist die Suche nach übertragbaren Parallelen zwischen verschiedenen Typen von Erlebniswelten und dem SIZ. Die folgende Einordnung des Autors leitet sich vom Aufgabenspektrum (vgl. Kapitel 2) eines SIZs ab:

---

[21] Auch ein Beispiel aus deutschen Großschutzgebieten zeigt, dass Inszenierung erfolgreich, aber auch verfremdend sein kann. Hauptattraktion des Nationalparks Bayerischer Wald ist das sogenannte Tierfreigelände, eine zooähnliche Anlage, in der Tiere in naturnahen Gehegen gehalten werden. Touristen und Einheimische nehmen das Angebot so gerne wahr, dass z.T. das Tierfreigelände als der eigentliche Nationalpark angesehen wird. Im allgemeinen Sprachgebrauch ist ein „Ausflug in den Nationalpark" ein Besuch im Tierfreigelände. Presse und Rundfunk berichten von den „Nationalpark Wölfen oder Bären". Die Grenzen zwischen Inszenierung und Realität weichen auf.

Theoretische Hintergründe/Erlebnisgesellschaft und Erlebniswelt

1. Das SIZ ist eine Freizeit- und Ferieneinrichtung, welche die touristische In-Wertsetzung einer Destination bereichert (vgl. Kapitel 2).
2. Durch den direkten Kontakt zu den Besuchern treffen SIZen auf Ansprüche der beschriebenen Erlebnisgesellschaft. SIZen als abgeschlossene, im Echtraum gebaute, halböffentliche Einheiten lassen sich daher im Reigen der Erlebniswelten positionieren. Durch das Aufgabenspektrum können die hervorgerufenen Erlebnisse nicht als Selbstzweck dienen. Sie sollen jedoch als Medien genutzt werden, um Erkenntnisse über das Schutzgebiet zu vermitteln.
3. Durch die Aufgabe, Raum zu präsentieren, können SIZen in das Genre der Themenwelten eingeordnet werden. Sowohl Thema, Story als auch Inszenierung müssen jedoch im Einklang mit der Mediationsfunktion „Raum ↔ Gesellschaft" stehen.

3.1.4.3 Folgerungen

Aufgrund der Positionierung eines SIZs als Freizeit- und Ferieneinrichtung, als Erlebniswelt mit weiterführenden Zielen und als Themenwelt überträgt der Autor im folgenden Kapitel Anforderungen, die sich aus den genannten Genres ergeben, auf den Kriterienkatalog für SIZen. Im Vordergrund stehen Marktsegmente der genannten drei Bereiche, die die prägnantesten Schnittstellen zum SIZ aufweisen. Der Fokus der Kriteriensuche liegt, gemäß der Zielsetzung der vorliegenden Arbeit und dem damit verbundenem theoretischen Hintergrund, auf intrinsischen Themen von Besuchereinrichtungen (vgl. Kapitel 1). Sonstige Faktoren, wie Standortwahl oder Public Relations, sind nicht Schwerpunkt der vorliegenden Arbeit. Einige Aspekte werden jedoch in Kapitel 3.1.5 angesprochen.

Das SIZ als Freizeit- und Ferieneinrichtung
Das SIZ ist Bestandteil der touristischen Infrastruktur eines Großschutzgebietes und somit eine Freizeit- und Ferieneinrichtung. Deshalb dienen die Ableitungen von STEINECKE (1997, vgl. Kapitel 3.1.3.2) als Orientierungshilfe bei der Entwicklung eines theoretischen Kriterienkatalogs für SIZen.

- Die Gestaltung eines SIZs ist ein wichtiger Baustein der gesamten Attraktivität. Die Architektur soll wie ein Magnet auf Besucher wirken. Auch die Innenraumgestaltung hat einen entscheidenden Anteil an der Wirkung. Außen- und Innenraum müssen „stimmig" sein.
- Ein SIZ muss Besuchern einen hohen Erlebniswert bieten, wie in den vorangegangenen Kapitel ausführlich erläutert wurde. Im Rahmen der Optimierung des Erlebens kann auch Exklusivität eine Rolle spielen.

- Der Besuch in einem SIZ soll bequem erfolgen können. Technisch bedingte Unannehmlichkeiten sollen so weit wie möglich ausgeschlossen werden, wie unangenehme Temperaturen oder Lärm.
- Das Angebot muss auf spezifische Zielgruppen abgestimmt sein.
- Auch für kleine Erlebniswelten ist eine breite Angebotspalette ein Weg zum Erfolg.

Das SIZ als Erlebniswelt mit weiterführenden Zielen
Der folgende Abschnitt vergleicht, gemäß der Einordnung, das SIZ mit verschiedenen Typen von Erlebniswelten, die über das Erlebnis hinaus weiterführende Ziele haben. Aufgrund vergleichbarer Ausdehnungen und Zielsetzungen zeigen Museen der neuen Generation und Corporate- bzw. Brand-Lands die auffälligsten Parallelen zu SIZen. Ableitungen aus deren Arbeitsinstrumentarium sind daher ein weiterer probater Schritt zur Schaffung des theoretischen Kriterienkatalogs.

Das SIZ und Corporate Lands/Brand Lands
Ein SIZ ist kein „Brand Land" oder „Corporate Land" im konventionellen Sinne, dennoch ergeben sich Parallelen: Auch wenn eine Schutzgebietsverwaltung nicht mit eigenem Risiko arbeitet, wie es für ein Unternehmen üblich ist, „managt" sie jedoch das „Produkt Großschutzgebiet" und deckt die Fremdnachfrage nach Erholung und Bildung.[22] Dadurch ergeben sich Schnittstellen zu Corporate- und Brand Lands. Eine Schutzgebietsverwaltung richtet ein Informationszentrum zur Kommunikation mit den Besuchern ein und macht dadurch die eigene Unternehmens- bzw. Schutzphilosophie erfahrbar. Die Betreiber des SIZ präsentieren das „Produkt Umwelt" im Allgemeinen und die Natur des eigenen Großschutzgebiets als Marke im Besonderem. Ein Brand Land eines Automobilherstellers enthält beispielsweise seinen Besuchern Informationen über Wirtschaftlichkeit, Leistung, Umweltkriterien und Raumangebot der aktuellen Produktpalette nicht vor. Der Fokus liegt jedoch darauf, die einzelnen Modelle zielgruppengerecht mit Emotionen zu besetzen wie es auch in aktueller Werbung der Fall ist. Für ein Schutzgebiet bedeutet dies, dass Informationen über das Produkt Natur zwar sinnvoll sind (z.B. Baumartenzusammensetzung, Auflistung der Brutvogelarten, Größe des Schutzgebietes), die Besetzung von Natur mit positiven Emotionen jedoch wichtiger ist. Der Besucher muss die Bedeutung der Natur im Schutzgebiet nicht nur kognitiv erlernen, sondern emotional erfahren und fühlen.

---

[22] Nach der Definition von BEA, DICHTL und SCHWEITZER (2000, S. 29) ist ein Unternehmen „*eine ökonomische, technische, soziale, und umweltbezogene Einheit mit der Aufgabe der Fremdbedarfsdeckung, mit selbständigen Entscheidungen und eigenen Risiken.*"

Das SIZ und Museen der neuen Generation

Sowohl SIZen als auch Museen wollen als Bildungsstätten ihren Besuchern Inhalte vermitteln. Besonders nahe stehen SIZen dabei den Naturkundemuseen. Aber auch von anderen Museumssparten, die u.a. STEINECKE (1997) zu den Erlebniswelten zählt, können Impulse übertragen werden. In den 80er Jahren ereignete sich ein wahrhaftiger Museumsboom. BECKER und HÖCKLIN (in DREYER 1996) führen museale Trends auf, die zu diesem Boom geführt haben können. Folgende Aufzählung ergänzt die Thesen nach BECKER und HÖCKLIN (in ebenda) um Aussagen weiterer Autoren. Auch SIZen können von diesen Faktoren profitieren:

- Die Anforderungen an den gesamten Erlebniswert steigen, worauf Museen mit Sonderausstellungen und Extraveranstaltungen reagieren. Sonderausstellungen und Events können somit die Attraktivität eines SIZs steigern (vgl. ebenda, BÄTZ, HERING 1997). Voraussetzung hierfür ist allerdings, dass die Planung geeignete Veranstaltungsräumlichkeiten integriert. Wechselnde Sonderausstellungen bereichern das Standardprogramm.
- WEYER (1998b) fordert für deutsche Museen die Definition klarer Ziele nach US-amerikanischem Vorbild. Sie spricht dabei von der Mission des Museums und einer eindringlichen „Take-Home-Botschaft", die dem Besucher mit auf den Weg gegeben werden soll.
- Museen operieren zunehmend mehrdimensional und erweitern die klassischen Aufgaben Sammeln, Forschen und Bilden um Aspekte der attraktiven Freizeitgestaltung (BECKER, HÖCKLIN 1996). Dieser Trend unterstützt die These, dass eine attraktive Ausstellung und ein breiter Angebotsmix zur Erhöhung des Erlebniswertes beitragen (BÄTZ, HERING 1997).
- Gelungenes Design und abgeschlossene Inszenierungen ergänzen oder ersetzen Exponate im konventionellen Sinn; sie untermalen Informationen, ersetzen sie aber nicht vollständig (PUYDEBAT 1997 und BÄTZ, HERING 1997).

Das SIZ als Themenwelt

Wie Kapitel 3.1.4.1 zeigt, ist bei der Betrachtung eines SIZs als Themenwelt die Definition von „Themen" wichtig. Nicht die perfekte Simulation an sich steht im Vordergrund, sondern der sensible Umgang mit Inszenierungen. Dieser Aspekt wird in Kapitel 3.2.1 genauer ausgeführt und erläutert.

- Die Präsentation des Themas „Schutzgebiet" bietet zahlreiche Ansatzpunkte, die beim Besucher hohe Wiedererkennungs- und Wiederfindungswerte wecken können. Je nach Landschaft des Großschutzgebietes eignen sich z.B. Wälder, Einzelbäume, Berge oder Küsten als prominente „Aufhänger", die dem Besucher wohl bekannt

sind. Diese Landschaftselemente erwecken beim Besucher zahlreiche Assoziationen, die für Ziele von SIZen instrumentalisiert werden können.
- Zu einer attraktiven Themenwelt zählt auch ein dramaturgischer Leitfaden, der die Ausstellungselemente zur Story verbindet. Durch die Kombination aus einer stimmigen Raumgestaltung und einem Rundgang, der eine Geschichte erzählt, kann ein SIZ eine Basis schaffen, die Spannung, angenehme Assoziationen und Erlebnisse erzeugt. Auch nach WEYER (1998a) macht ein gelungenes Spannungsverhältnis eine Besuchereinrichtung erst interessant, was sie explizit auf Naturkundemuseen überträgt.
- Trotz der bereits dargestellten Ambivalenz der Naturinszenierung kann diese einen wichtigen Beitrag zum Erfolg eines SIZs leisten. Dabei kann es nicht Ziel sein, die Natur zu simulieren, zu perfektionieren und damit einen Kontrapunkt zum Schutzgebietsziel „Umweltbildung" zu setzen. Vielmehr ist eine sensible Inszenierung schutzgebietsrelevanter Erkenntnisse gefragt. Diese Forderung umschließt sowohl die Architektur als auch die erfahrbaren Erlebnisse.

3.1.5 Sonstige Anforderungen

Eine optimale Präsentation von Informationen und Erlebnissen reicht natürlich nicht, um den Erfolg einer Planung und Durchführung zu gewährleisten. Für ein SIZ gilt, wie für alle anderen Besuchereinrichtungen vom Theater bis zum Fußballstadion, dass das Gelingen von weiteren diversen Faktoren und v.a. von betriebswirtschaftlichen Rahmenbedingungen abhängt. Die Grundlage folgender Zusammenstellung bildet eine Arbeit von LAUBENTHAL (1999) über Anforderungen an Besucherinformationszentren.

Ein attraktiver **Standort** eines SIZs kann die Besucherzahlen erhöhen. Dabei spielen sowohl der Einzugsbereich, Agglomerationsvorteile, die Auffälligkeit des Standorts als auch die Verkehrsanbindung eine Rolle (BÄTZ, HERING 1997). Wie der geeignete Standort aussieht, hängt ganz vom Ziel der Erlebniswelt ab. Für Großprojekte, wie das „CentrO" in Oberhausen oder das sich im Bau befindliche „Legoland" in Günzburg, sind enorme Einzugsbereiche unverzichtbar. Daher befinden sie sich in oder in der Nähe von großen Agglomerationsräumen. Optimale Verkehrsanbindungen sind eine weitere Grundvoraussetzung für den Erfolg. So wird beispielsweise die „VW-Autostadt" in Wolfsburg in unmittelbarer Nähe zum ICE-Bahnhof errichtet und liegt somit an einer der bedeutendsten Bahnstrecken Deutschlands (Hannover – Berlin).[23] Andere Erlebniswelten nutzen **Agglomerationsvorteile**, die sich z.B. durch hochfrequentierte touristische Destinationen ergeben. Das „Sealife Center" am Timmendorfer

---

[23] Vortrag von ADRIAN-KUNZE im Rahmen einer Seminartagung der Thomas Morus Akademie/Bensberg im März 2000.

Strand ist ein beliebtes Ausflugsziel an der Schleswig-Holsteinischen Ostseeküste. Es profitiert einerseits von der hohen touristischen Frequentierung des Raums, andererseits trägt es dazu bei, die Attraktivität der Region weiter zu erhöhen.

Wie bei allen Produkten und Dienstleistungen gehört auch bei Erlebniswelten ein innovatives **Marketingkonzept** zum Grundstock des Erfolgs, *„um in der Breite und Vielfalt des Marktes wahrgenommen zu werden"* (FICHTNER 1997, S. 80):

- Im Rahmen der Programm- und Preispolitik müssen extrinsische Zugangsbarrieren vermieden werden. Solche Barrieren können z.b. ungeeignete Öffnungszeiten und überteuerte Eintrittspreise sein (KLEIN 1998).
- Als wesentlicher Teil des Marketingkonzepts muss auch die Kommunikationspolitik[24] gut auf die Ziele der Erlebniswelten abgestimmt sein. Dazu zählt neben der Werbung v.a. die Öffentlichkeitsarbeit, die auch beim Aufbau von Netzwerken wichtig ist (FICHTNER 1997). Die Werbung kann sich unterschiedlicher Instrumente bedienen, wie z.B. Auflage von Faltblättern, Anzeigen in Zeitschriften oder Messeauftritte. So ist nach Meinung des Spiegels 24/2000 die anfängliche Besucherflaute der EXPO in Hannover u.a. ein Ergebnis unzureichender Werbestrategien. Der nüchterne Slogan Mensch-Natur-Technik zielt zu wenig auf die Erlebnisrationalität (vgl. Kapitel 3.1.1) potenzieller Besucher ab. Erfolgreiche Öffentlichkeitsarbeit richtet sich an verschiedene Zielgruppen. Dazu gehören politische Entscheidungsträger, Vertreter der regionalen und überregionalen Tourismusbranche, Presse, Sponsoren und Führer der öffentlichen Meinung (FICHTNER 1997). Für das SIZ kann die Bildung von Netzwerken ein Ziel der Öffentlichkeitsarbeit sein. Diese Netzwerke können z.B. die regionale Verflechtung des SIZ stärken, beispielsweise durch Veranstaltungen, wozu die genannten Zielgruppen, aber auch die Öffentlichkeit eingeladen sind.

Im **Planungsprozess** einer Ausstellung soll sich das Miteinander verschiedenster Fachrichtungen widerspiegeln. Demnach sollen sämtliche Schritte der Ausstellungsplanung im einem SIZ interdisziplinär begleitet sein. Nach DÜRR (1992) gehören zu einem solchen Team Fachwissenschaftler, Museumspädagogen, Designer und Architekten.

Eine ausreichende **Ausstattung mit Stellen** im wissenschaftlichen, betriebswirtschaftlichen und technischen Bereich muss gegeben sein.

---

24 *„Unter Kommunikationspolitik versteht man das bewusste Vermitteln und Interpretieren einer Unternehmensleistung gegenüber einer näher zu definierenden Öffentlichkeit (Zielgruppe) mit dem Ziel, Wissen, Verhalten und Einstellungen im Sinne kommunikativer Zielsetzungen zu beeinflussen."* (Roth 1993, S. 434).

Zur **Qualitätssicherung** empfiehlt KLEIN (1998), besucherorientierte Einrichtungen in regelmäßigen Abständen zu evaluieren. Dazu gehören sowohl Methoden, bei denen das tatsächliche Publikum miteinbezogen wird, als auch Nicht-Besucherstudien. Daher sind Leiter von Erlebniswelten aufgefordert, das Besucherverhalten zu analysieren, Entwicklungspotenziale zu erkennen und Zugangsbarrieren abzubauen. Gesellschaftliche Entwicklungen sind dabei ebenso zu berücksichtigen wie die Aktualität dargestellter Inhalte und der technische Stand der Attraktionen. Mögliche Komponenten von turnusmäßigen Evaluationen sind z.B. (KLEIN 1998):

- Diskussionsrunden mit allen Mitarbeitern (innenorientierte Kommunikation),
- Analyse der Gästebücher,
- Erfahrungsaustausch mit vergleichbaren Einrichtungen,
- Einsatz von geschulten Testbesuchern und
- Besucherstudien (z.B. standardisierte Befragungen, Interviews, teilnehmende Beobachtungen etc.)

3.2 Umweltbildung im SIZ zwischen komplexen ökologischen Problemen und aktueller Kultursoziologie

3.2.1 Inhalte für die Präsentation im SIZ

Eine allgemeingültige Definition von Aspekten, die für ein Schutzgebiet relevant sind, und eine Beantwortung der Frage, welche Inhalte daher in die Gestaltung von SIZen eingehen müssen, wird nie möglich sein. Wegen der regionalen Besonderheiten der jeweiligen Natur- und Kulturlandschaften kann kein Punktekatalog erstellt werden, der von jedem SIZ „abgearbeitet" werden muss. Wie Kapitel 4 – Praktische Impulse – zeigt, gibt es in der Praxis verschiedene in sich stimmige Konzepte, um Zugangsmöglichkeiten zum Verständnis der Landschaft für Besucher zu schaffen. Die untersuchten Zentren stellen ihr Schutzgebiet vor, indem sie z.B. dessen Genese darstellen, den dreidimensionalen Aufbau erfahrbar machen oder das Mensch-Umwelt-Verhältnis verdeutlichen. Gerade aber in Nationalparken existieren zwei gegenüberstehende landschaftsprägende Aspekte, die für das Kommunikationsforum SIZ wichtig sind:

Die Natur in Schutzgebieten ist faszinierend und kann jedermann spielend begeistern. Diese Natur-Faszination macht Großschutzgebiete weltweit zur bedeutenden touristischen Destination mit einem Jahresumsatz von 12 Mrd. US$ (POPP 1999). Ausgangspunkte dieser Anziehungskraft sind sowohl der Oberflächenformenschatz, ungewöhnliche Vegetation oder die Vielfalt der Tierwelt. Herausragende Beispiele in deutschen Großschutzgebieten sind die Schönheit und Mystik von Königssee und Watzmann im Nationalpark Berchtesgaden, die Kreidefelsen im Nationalpark Jasmund, die mosaikartigen Landschaftselemente im Naturpark Altmühltal oder die Robbenkolonien in den Wattenmeer-Nationalparken.

Diesen „leicht vermarktbaren" Sympathieträgern stehen komplexe, schwer verständliche Abläufe gegenüber. In Nationalparken werden aufgrund der Schutzphilosophie – Natur Natur sein lassen – natürliche Prozesse ausdrücklich zugelassen. Die geschützte Fläche ist jedoch kein abgeschlossenes System. Externe Einflüsse, die z.B. über die Luft, durch Flüsse oder das Meer eingetragen werden, führen zu unvorhersehbaren Beeinflussungen. Zahlreiche Veränderungen, z.B. des tourismusrelevanten Landschaftsbilds, lassen sich nicht ohne regionalen oder gar globalen Kontext erklären. Das derzeit prominenteste Beispiel ist der Nationalpark Bayerischer Wald, wo die Altbäume der Hochlagenwälder absterben. Dieser Prozess wird durch eine Verflechtung natürlicher und anthropogener Ursachen gesteuert (BEUDERT, öffentlicher Vortrag 11/1997).

Damit das SIZ zum Verständnis der Landschaft im Schutzgebiet beitragen kann, ist die Präsentation von Ursache-Wirkungs-Gefügen wichtig. Eine Beschränkung auf die Darstellung von Sympathieträgern reicht nicht aus.

Eine aktive Vermittlung komplexer Phänomene und relevanter Umweltprobleme in SIZen passt nicht in das Schema von Themenparks und Freizeitvergnügen, da Umweltprobleme im krassen Gegensatz zur Forderung nach Schaffung von Glückseligkeit stehen. Der Autor fordert dennoch, komplexe ökologische Zusammenhänge und deren Probleme nicht aus dem SIZ auszugrenzen:

- Durch die aktive Präsentation wird der Informationsbedarf bestimmter Besuchergruppen befriedigt.
- Die Darstellung ökologischer Zusammenhänge trägt dazu bei, die Schutzgebietsphilosophie auch in Problemfällen ins rechte Licht zu rücken. Auch für Einheimische kann dies ungeklärte Fragen hinsichtlich des Schutzgebietsmanagements beantworten und somit zur Akzeptanzförderung beitragen.
- Der aktive Umgang in SIZen mit komplexen Umweltphänomenen kann einen kleinen Beitrag dazu leisten, Besucher für Umweltthemen zu sensibilisieren, wie dies z.B. JOB (1994) oder WOHLERS (1998) für SIZen fordern.

3.2.2 Selbstverständnis, Ziele und Probleme von Umweltbildung

Das folgende Kapitel gibt einen Überblick darüber, was Umweltbildung im Allgemeinen bedeutet, welche Intention sie verfolgt und welche aktuellen Trends wahrnehmbar sind. Der Sinn dieser ausführlichen Darstellung liegt darin, eine Basis zu schaffen, von der aus die Ableitung theoretischer Kriterien für die Gestaltung eines SIZ möglich ist.

Die Kernaufgabe von Umweltbildung ist die *„umweltrelevante Vermittlung von Werten, Einstellungen, Einsichten wie auch Handlungsmöglichkeiten"* (MICHELSEN 1998a, S. 15).

Als übergeordnetes Ziel von Umweltbildungsmaßnahmen sehen zahlreiche Autoren die Verstärkung umweltfreundlichen und die Abschwächung umweltschädlichen Verhaltens der Adressaten. Nach LOB (1997, S. 7) kommt Umwelterziehung der Status einer *„epochalen Aufgabe"* zu.

Dieses Selbstverständnis der Umweltbildung fußt auf internationalen Umweltkonferenzen im Rahmen der UNESCO bzw. des UNEP, wie der ersten Weltkonferenz der Vereinten Nationen 1972 in Stockholm mit dem Titel „Die Umwelt der Menschen". Als bedeutender Wegbereiter der Institutionalisierung von Umweltbildung gilt die „Weltkonferenz zu Fragen der Umwelterziehung" 1977 in Tiflis (LOB 1997).

Dieses Aufgabenspektrum impliziert zahlreiche Probleme. Die Vermittlung von Einsichten setzt Wissenstransfer voraus. Wissen über umweltrelevante Zusammenhänge ist äußerst komplex und nicht nur für Laien schwer verständlich. Der Erkenntnisstand ist z.T. unsicher oder gar widersprüchlich (FISCHER, HELLBRÜCK 1999, SCHELLNHUBER, BLOH 1993). *„Wenn viele der Probleme für Wissenschaftler schon schwer zu analysieren sind, wie schwierig ist es dann für den Laien."* (FISCHER, HELLBRÜCK 1999, S. 560). Ökologische Zusammenhänge sind häufig nicht linear, wie Bevölkerungszuwachs, Vermehrung von Tierpopulationen, radioaktiver Zerfall oder der Ausgleich von Druckunterschieden in der Atmosphäre. Dies ist für eine bessere Einsicht von Nachteil, da Menschen Probleme haben, nicht-lineare Zusammenhänge zu erkennen und ihr Handeln danach auszurichten. Umweltbedingte Risiken basieren auf Grundlagen der Wahrscheinlichkeit, mit denen nur wenige Menschen umgehen können (ebenda).

Unter **Einstellungen** verstehen Psychologen meinungsbezogene Verhaltensbereitschaften. Einstellungen sind *„erlernte Urteile über die Handlungen, die bestimmten Menschen oder Fragestellungen gegenüber angemessen sind"* (ZIMBARDO 1992, S. 578). Sie sind bewertende Stellungnahmen und somit mehr als Meinungen. Nach ROSENBERG und HOVLAND (zitiert in FISCHER, HELLBRÜCK 1999) umfasst eine Einstellung drei Komponenten:

- Kognitive Komponente: Einstellungen bauen auf Wissen, aus dem das Individuum eine Meinung ableitet.
- Affektive Komponente: Das Individuum bewertet diese wissensbezogene Meinung beispielsweise nach erwünscht und nicht erwünscht.
- Konative Komponente: Muss sich das Individuum im Alltagsgeschehen zwischen verschiedenen Handlungsoptionen entscheiden, dient die bewertete Meinung als Grundlage dieser Entscheidung. Die konative Komponente bezieht sich auf die resultierende Verhaltensintention.

Damit Umweltbildung Einstellungsänderungen erreichen kann, muss sie als erstes Informationen vermitteln. Diese Informationen müssen so aufbereitet sein, dass sie von den Adressaten als wünschenswert und für das eigene Leben bedeutend eingestuft werden. Die so entstandene Meinung wird erst dann zur Einstellung, wenn der Adressat seine Entscheidungen danach ausrichten will (ebenda).

Die Vermittlung von **Handlungsmöglichkeiten** kann sich als schwierigster Punkt erweisen. Ein Problem der Umweltbildung ist die Komplexität von Umweltproblemen, die nicht nur schwer verständlich ist, sondern auch nicht gesehen, gehört, gerochen oder gefühlt werden kann. Bedeutende Phänomene, wie die Veränderungen der molekularen Zusammensetzung der Atmosphäre durch den Treibhauseffekt, Radioaktivität und das Ozonloch, können nur über Umwege oder gar nicht sensitiv wahrgenommen werden.

Umweltrelevante Handlungsalternativen erfordern im Gegensatz zu schädlichem Verhalten häufig mehr Engagement der Betroffenen, was sich z.T. gegen das Prinzip des „Rational Choice" richtet. Fliegen kann z.b. schneller, sicherer, billiger und komfortabler als das umweltfreundlichere Zugfahren sein (KUCKARTZ 1998). Nach FISCHER, HELLBRÜCK (1999) sind Verstärker[25] und Bestrafungen[26] wichtige Bausteine zur Erreichung von gezielten Verhaltensänderungen, die Umweltbildung nicht bieten kann.

- Umweltschädliches Verhalten führt häufig nicht zu unmittelbaren negativen Konsequenzen bzw. Bestrafungen (FISCHER, HELLBRÜCK 1999), beispielsweise wie die Benutzung einer FCKW-haltigen Sprühdose oder die Fahrt mit einem Auto.
- Umweltfreundliche Verhaltenskonsequenzen führen unter Umständen zur Bestrafung, wie das Beispiel „Fliegen contra Zugfahren" verdeutlicht.
- Sowohl positive Konsequenzen umweltfreundlichen Handelns und negative Folgen umweltschädlichen Handels erfolgen stark verzögert. Der Handelnde bringt Verhalten und Konsequenz kaum mehr in Verbindung.
- Egoistisches Verhalten führt zu individuellem Gewinn und somit zur positiven Verstärkung.

Aus verhaltenspsychologischer Sichtweise ist somit der Nährboden für die Positionierung umweltfreundlicher Handlungsalternativen alles andere als optimal. Nach DE-HAAN, KUCKARTZ (1998) befindet sich der Bereich des Verhaltens außerhalb der unmittelbaren Reichweite der Umweltbildung.

Einfache Kausalketten wie – Wissen → Einstellung → Handeln – existieren in der Umweltbildung nicht. FESTINGER (1957/1978, zitiert in ZIMBARDO 1992) führte den Begriff der „Kognitiven Dissonanz" ein, um Handeln wider besseren Wissens zu erklären. Gerade die negativen Auswirkungen, die sich durch umweltfreundliches Verhalten ergeben, verhindern diese Kausalkette.

Die Legitimation des Selbstverständnisses der Umweltbildung basiert auf dem Modell von FIETKAU und KESSEL (1982, zitiert in FISCHER, HELLBRÜCK 1999). Es erklärt, wie das übergeordnete Ziel – Erzeugung umweltrelevanteren Verhaltens – zu erreichen ist. Demnach sind Umweltwissen und -einstellungen zwei wesentliche Bausteine umweltrelevanten Handelns, wozu Umweltbildung beitragen kann. Weitere relevante Kompo-

---

[25] *„Verstärker sind Verhaltenskonsequenzen, welche die Auftretenswahrscheinlichkeit des vorausgehenden Verhaltens erhöhen. Man unterscheidet hierbei positive und negative Verstärker."* (FISCHER, HELLBRÜCK 1999, S. 562).

[26] *„Von Bestrafung spricht man dagegen dann, wenn einem Verhalten ein unangenehmer Reiz folgt, der nicht vermieden werden kann."* (ebenda).

nenten, ausgenommen das Aufzeigen von Handlungsalternativen, entziehen sich dem Einflussbereich der Umweltbildung.

Abbildung 2: Umweltrelevantes Verhalten (Modell von FIETKAU und KESSEL)

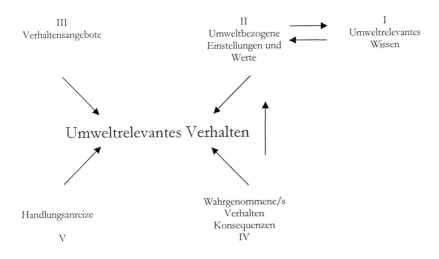

Quelle: FISCHER, HELLBRÜCK 1999, S. 559, Darstellung leicht verändert

Nach KUCKARTZ (1998) muss das Grundlagenmodell von FIETKAU und KESSEL, das in Abbildung 2 gezeigt wird, überdacht werden. Empirische Untersuchungen zeigen kaum signifikante Korrelationen, die belegen würden, dass umweltrelevante Einstellungen zu entsprechendem Verhalten führen. Experten moderner Umweltbildung sind sich darüber im Klaren, dass eine extreme Kluft zwischen Umweltbewusstsein und Umweltverhalten herrscht: Umweltschutz in Deutschland kann sich großer Wertschätzung erfreuen. Die Hauptsorge der Befragten gilt dabei aber der Lebensgrundlage nachfolgender Generationen und nicht den eigenen Lebensbedingungen. Zwar sind Umweltängste in Deutschland weltweit am verbreitetsten,[27] dennoch sind 90% der Befragten mit der aktuellen Lebensqualität in Deutschland zufrieden. Dabei bestehen in Bezug auf Umweltbewusstsein und Umweltverhalten kaum signifikante Korrelationen zwischen Geschlecht, Bildungsstand und Beruf. Das meiste Vertrauen gilt den Nicht-Regierungs-Organisationen. Die Schuld für Umweltprobleme suchen die Befragten bei Politik und

---

[27] Zwei Drittel aller Deutschen halten eine umweltbedingte Zunahme von Krankheiten wahrscheinlich, womit Deutschland den ersten Rang im internationalen Vergleich einnimmt. 80% befürchten sehr gefährliche Auswirkungen auf die Umwelt, 68% fühlen sich persönlich bedroht (KUCKARTZ 1998).

Industrie. Dieses Meinungsbild entspricht der Suche nach dem klar definierten „Sündenbock" bei technischen Katastrophen. Ist dieser Sündenbock gefunden, wird die eigene Verantwortung abgeschoben (BELL et al. 1996, BECK 1986). Das hohe Umweltbewusstsein steht in direktem Kontrast zum geringen umweltgerechten Verhalten. Trotz hohem Wissensstand und positiven Einstellungen verhalten sich die meisten Bundesbürger nicht umweltgerecht. Mögliche Gründe und Lösungsansätze für diese kognitive Dissonanz zeigt Kapitel 3.2.4.3 auf.

3.2.3 Theoretische Grundlagenideen aktueller Umweltbildung

Theoretische Basismodelle, die zeigen wollen, wie umweltrelevantes Verhalten erzeugt werden kann, haben den Praxistest nicht zufriedenstellend bestanden. Eine Resignation oder gar Legitimationskrise der Umweltbildung ist dennoch nicht erforderlich. Vielmehr ist Integration neuer Erkenntnisse in bestehende Methoden gefragt. Dies haben Wissenschaftler der Umweltbildungsforschung erkannt, wie aktuelle Publikationen belegen. Umweltbildung unterliegt seit ihrem Bestehen einem stetigen Wandel bezüglich ihres Selbstverständnisses, ihrer Ziele und gewählten Methodiken. Dieser Wandel steht im Zusammenhang mit

- Entwicklungen und Wissenszuwachs in der Umweltforschung,
- politischen Entscheidungen,
- der Integration neuer pädagogischer und psychologischer Erkenntnisse und
- soziokulturellen Veränderungen (MICHELSEN 1998b).

Spiegelbildlich zum Erkenntnisstand und dessen Interpretation zeichneten sich in den letzten 20 Jahren verschiedene theoretische Diskussionsstränge, Ordnungsversuche und Ableitungen für die Praxis ab. Nach MICHELSEN (1998b) und KLAFF (1994, zitiert in FLIEGENSCHNEE, SCHELAKOVSKY 1998) waren die achtziger Jahre durch folgende Ansätze geprägt, die häufig Grundlage aktueller Umweltbildungsarbeit sind:

Als Wurzel von Umweltproblemen sehen Vertreter des **naturpädagogischen Ansatzes**[28] die Entfremdung des Menschen von der Natur. Durch unmittelbare Naturerfahrungen sollen neue Werte vermittelt werden. *„Emotionale Naturerfahrung, Erkennen der Zusammenhänge in der Natur oder Naturbeobachtung helfen, wieder eine Beziehung zwischen Mensch und Natur herzustellen."* (FLIEGENSCHNEE, SCHELAKOVSKY 1998, S. 85). Der Naturpädagogische Ansatz findet z.B. im Umweltbildungsprogramm von Schutzgebieten oder

---

[28] Nach FLIEGENSCHNEE, SCHELAKOVSKY (1998) wird die Definition von Naturpädagogik ähnlich dem Begriff „Wertorientierte Umweltbildung" verwendet.

in forstlicher Bildungsarbeit Anwendung. Praktische Umsetzungsmöglichkeiten zeigt z.B. CORNELL (1979), mit seinem Standardwerk „Mit Kindern die Natur erleben", auf.

Das Aufzeigen kurzfristiger Handlungsmöglichkeiten steht beim **umwelterzieherischen Ansatz** im Vordergrund. Die Umwelterziehung will die Ökokrise durch technische und soziale Problemlösungen beantworten. Kritik an gesellschaftlichen oder politischen Rahmenbedingungen äußert die Umwelterziehung kaum. Ebensowenig geht sie Ursachen der Umweltzerstörung auf den Grund.

Die kritische Reflexion gesellschaftlicher Werte steht bei der **Ökopädagogik** im Vordergrund, womit sie einen Gegenpol zur Umwelterziehung darstellt. Sie fordert zum Umdenken auf und will Anstöße für eine neue Zukunft geben. Ferner ist sie nach KLAFF (1994, zitiert in FLIEGENSCHNEE, SCHELAKOVSKY 1998) eine Bezugswissenschaft zur Praxis, indem sie neue pädagogische Erkenntnisse aufzeigt und nach MICHELSEN (1998b) auf deren Grenzen hinweist.

Ökologisches Lernen findet außerhalb von Institutionen statt. Im Mittelpunkt steht hierbei der Bildungsprozess. Lernprogramme und -inhalte werden vom Lernenden bestimmt. Ein verbindliches Ziel fehlt. Ökologisches Lernen soll zur Kritikfähigkeit führen und kritiklose Identifikationen mit der Gegenwart oder bestimmten Zukunftsbildern vermeiden.

Der **lebensweltlich orientierte Ansatz** ist ein Brücke zu aktuellen Denkbewegungen. Er ist auf die Lebenswelt der Teilnehmer ausgerichtet und versucht, unterschiedliche Kriterien wie Betroffenheit, Vernetzung, Wissenschafts- und Handlungsorientierung holistisch zu verbinden.

Aufgrund der enormen Komplexität ökologischer Zusammenhänge und deren Vermittlung an Adressaten sind aktuelle Diskussionsstränge der Umweltbildung interdisziplinär und holistisch angelegt. Nach MICHELSEN (1998b) dominieren in der Umweltbildung nachstehende Aspekte die aktuelle Theoriediskussion. Der folgende Abschnitt führt theoretische Grundthesen auf. Über Möglichkeiten, wie diese Grundlagen in der praktischen Umweltbildung Anwendung finden können, informiert das Kapitel 3.2.4.

Ein Grundbaustein ist die verstärkte Integration von Erkenntnissen aus der **Umweltpsychologie**: Grundidee des Ansatzes ist es, ähnlich dem naturpädagogischen Ansatz, ein optimiertes Mensch-Umwelt-Verhältnis zu erreichen. Die Wurzel von zahlreichen Umweltproblemen sehen die Vertreter dieses Ansatzes in der Krise des Verhältnisses des Menschen zu seiner Umwelt. Das sogenannte Umweltlernen, die theoretische Ableitung aus diesen Erkenntnissen, enthält viele Facetten. Es versucht, den Lernenden, positive Einstellungen zu vermitteln. Dies geschieht u.a. dadurch, dass Vorbilder und vernünftige Handlungsalternativen aufgezeigt werden. Dieser Ansatz versucht, die kognitive Dissonanz zwischen Umweltbewusstsein und Umweltverhalten zu überbrücken (MICHELSEN 1998b).

Nach Auffassung des Sachverständigenrates für Umweltfragen soll Umweltbildung die Vermittlung ökologischer **Schlüsselqualifikationen** beinhalten: Durch Förderung vernetzten Denkens und der Motivation zur Selbstreflexion sollen Grundlagen ökologischen Verstehens und Handelns geschaffen werden. Dazu gehört das Erkennen gesetzmäßiger Abläufe sowie das Aufspüren und Beheben von Störfaktoren (MICHELSEN 1998b).

Auch die **Wahrnehmungs- und Erkenntnistheorie** liefert Impulse für moderne Umweltbildung. Der Mensch als „lebensweltorientiertes Wesen" konzentriert sich v.a. auf seinen persönlichen Nahbereich. Umweltprobleme liegen häufig außerhalb des Sichtkreises. Das Ozonloch oder der Treibhauseffekt sind nicht unmittelbar eindeutig wahrnehmbar und verlassen somit diese Lebenswelt (SIEBERT 1998a). Nach dem Prinzip des Konstruktivismus sind Wahrnehmung, Erkennen und Lernen keine Widerspiegelung objektiver Realität. Der Mensch ist als *„autopoietisches System"* (SIEBERT 1998a, S. 71) konstruiert und empfindet gemäß seiner Begabungen, Interessen oder seiner Lebenswelt seine eigene subjektive Wirklichkeit. Reine sachliche Aufklärung korrigiert subjektive Konstrukte nur in geringem Ausmaß. Aufgrund der subjektiven Wahrnehmung führt die gemeinsame Information verschiedener Individuen nicht unbedingt zum Konsens. Dementsprechend ist Lernen ein eigensinniger Prozess, den das Subjekt selbst steuert (MICHELSEN 1998b). Nach SIEBERT (1998b) ist selbstgesteuertes Lernen die optimale Voraussetzung für erfolgreiche Bildungsarbeit. „Self-directed-learning" ist selbstintendiert und basiert auf der Informationssuche des Individuums. Bildung ist dabei eher Beratung als Lehre. Dabei steht die eigene Lebenswelt im Vordergrund, welche die Lehrinhalte betreffen muss.

SIEBERT (1998a, S. 66) sieht als grundlegende Aufgabe von Umweltbildung *die „Überprüfung und ggf. Korrektur menschlichen Denkens, Fühlens, Handelns".* Zur Zielerreichung fordert er die Integration **anthropologischer Erkenntnisse**. Wichtig sind dabei jene *„empirisch gehaltvolle[n] Aussagen über menschliche Möglichkeiten und Grenzen, über biologisch und kulturell geprägte Fähigkeiten und Verhaltensprogramme, über genetische Ausstattung und gattungsgeschichtliche Entwicklungsfähigkeiten"* (ebenda). Als grundsätzliche Norm aller Faktoren der Bildung fordert er, die Adressaten weder zu über- noch zu unterfordern. Diese Spannweite *(„psychohygienische Zumutbarkeit"* ebenda, S. 66*)* zielt sowohl auf die Wissens- und Einstellungsvermittlung als auch auf den Versuch ab, umweltrelevantes Verhalten zu erzeugen.

- Überforderung: Obwohl die momentane ökologische Situation zum radikalen Umbruch aufruft, kann Umweltbildung nicht die Forderung nach grundlegender Veränderung von Lebensstilen und Wertesystemen erheben. Dieser Aufruf zum Ausbruch aus bestehenden Systemen führt zur Überforderung, die die besagten Grenzen überschreitet. Als Ergebnis stellt sich nicht nur Misserfolg, sondern unter Umständen völlige Ablehnung und Zuwiderhandlung (Reaktanz) ein (ebenda).
- Unterforderung: Dennoch sollen Bildungsangebote zumutbare Herausforderungen beinhalten. „*Unterkomplexe Angebote*" (ebenda, S. 66), z.B. extrem beschönigende Darstellung der Inhalte, können bestehende Missstände, wie verschwenderischen Umgang mit knappen natürlichen Ressourcen oder maßlosen Energieverbrauch, billigen, befriedigen oder sogar bestärken.

Umweltbildung soll ihre Adressaten innerhalb einer gewissen Spannweite dazu ermutigen, sich zumutbaren Herausforderungen zu stellen. Aus anthropologischer Sicht stellt SIEBERT (1998a) das holistische Lernen und das Lernen an Vorbildern in den Vordergrund. Um interdisziplinären Erkenntnissen Rechnung zu tragen, gilt es, Verabsolutierungen von Methoden oder Motiven zu vermeiden. Eine Sonderstellung kommt nach SIEBERT (1998a) dem Lehrenden in der Umweltbildung zu, der eigene Ansprüche selber einlösen sollte.

Ein zentraler Punkt moderner Umweltbildung ist die Integration von Erkenntnissen aus der **Kultursoziologie der Gegenwart**. Umweltrelevantes Verhalten lässt sich vielmehr auf verschiedene Lebensstile und nicht so sehr auf Umweltwissen zurückführen. Eine simple Unterscheidung zwischen ökologischen und nicht-ökologischen Lebensstilen ist kaum möglich. Nach KUCKARTZ (1998) ähneln sich bei Menschen, die gleichen sozialen Milieus oder Lebensstilen angehören, die Motivationen, die dem Handeln zugrunde liegen, sowie das Umweltverhalten selbst. Aufgrund ihrer Kritik an bestehenden wirtschaftlichen und gesellschaftlichen Systemen kaufen die Alternativorientierten verstärkt Artikel im Bioladen. Andere zentrale Lebenseinstellungen, wie Selbstverwirklichung, führen jedoch zu erhöhtem Konsum und Mobilität, was ganz und gar nicht ökologisch ist. Traditionell Wertorientierte kritisieren staatliches Handeln kaum, dafür aber die fortschreitende Industrialisierung. Aufgrund von Markentreue, Sparsamkeit und Konsumverweigerung ist beispielsweise der Energieverbrauch innerhalb der Gruppe unterdurchschnittlich (KUCKARTZ 1998). Mögliche Erklärungsansätze für diese offensichtliche kognitive Dissonanz liefert die Theorie der Erlebnisgesellschaft (vgl. Kap. 3.1.1). Durch Entgrenzung und Innenorientierung entstehen emotionale Begehrenssituationen, die wichtige Motivationselemente für menschliches Handeln bzw. Auswählen darstellen. Da aber 90% mit den aktuellen Lebensbedingungen zufrieden sind (ebenda), fehlt das nötige innere Verlangen.
KUCKARTZ (1998, S. 73) argumentiert, dass umweltfreundliches Verhalten häufig am geringen Erlebniswert scheitert: „*Begeisterung beim Drosseln der Heizung, Glücksgefühle beim*

Benutzen öffentlicher Verkehrsmittel, Erregung beim verpackungsfreien Einkauf, Lustgefühle bei der Entsorgung von Altpapier in die Wertstofftonne?". Für die Umweltbildung resultiert daraus, dass einfache Konzepte, wie der Versuch, allgemeine Einstellungsänderungen zu erreichen, kaum zum Erfolg führen. Eine starke Differenzierung in der Zielgruppenansprache ist notwendig, um umweltrelevantes Handeln hervorzurufen.

3.2.4 Erfolgversprechende Ansatzpunkte aktueller Umweltbildung

Das folgende Kapitel skizziert Ansatzpunkte moderner Umweltbildung, wofür ihr Selbstverständnis, ihre Ziele (Kapitel 3.2.2) und ihre theoretischen Grundlagen (Kapitel 3.2.3) den Rahmen spannen. Der Fokus richtet sich auf:

- die Bedeutung und Vermittlung von Umweltwissen,
- die Bedeutung von Einstellungen und Emotionen und
- Wege der Umweltbildung, umweltgerechtes Verhalten zu erzeugen.

3.2.4.1 Bedeutung und Vermittlung von Umweltwissen

Die Vermittlung von Umweltwissen ist an viele Schwierigkeiten gekoppelt. Die Themen sind häufig kompliziert und verlassen den Nahbereich der Adressaten. Neben den Schwierigkeiten bei der Vermittlung ist die Relevanz von Umweltwissen für umweltfreundliches Verhalten gering. Dennoch soll die Vermittlung von Umweltwissen ein Ziel der Umweltbildung bleiben. Dies hat mehrere Gründe:

- Wissen ist die Basis für Einstellungen, es ist die *„Grundlage unseres Bewusstseins"* (SIEBERT 1998c, S. 93). Wissen kann somit zur Identität werden; *„unser Wissen [ist] unsere Welt"* (ebenda).
- Wissen beeinflusst die Wahrnehmung und die Aufmerksamkeit, beispielsweise für langsame Umweltveränderungen (SIEBERT 1998c). *„Auch in der Ökologie gilt häufig: wir sehen das, was wir wissen."* (ebenda S. 93).
- Bestimmte Formen der Umweltbildung, wie auch die Bildungsarbeit in SIZen (vgl. Kapitel 3.2.5) richten sich an Zielgruppen, die auf der Suche nach Erklärungen und Verständnis sind.

Wissensvermittlung kann jedoch nur ein Teilbereich der Umweltbildung sein und ist optimalerweise in eine Methodenvielfalt eingebettet. Darin sind sich zahlreiche Autoren einig, z.B. NAESS (1973),[29] UNTERBRUNNER (1991, 1993),[30] CORNELL (1979), REICHEL (1995),[31] WEYER (1998a).

Durch die Komplexität ökologischer Zusammenhänge kann sich Umweltbildung nicht auf die Vermittlung von Faktenwissen beschränken. Umweltwissen kann nach CAPRA (1982, zitiert in SIEBERT 1998c) nicht in der Tradition monokausalen, technokratischen Denkens der Wirtschafts- und Naturwissenschaften stehen, wie es von Newton und Descartes geprägt wurde. CAPRA stellt die Notwendigkeit eines Bewusstseinswandels dar, der zu einer holistischen Weltanschauung führt (ebenda). Zum Verständnis komplexer systematischer Naturvorgänge ist vernetztes Denken eine Grundvoraussetzung, wozu eine Überfülle an Detailwissen wenig beitragen kann (SIEBERT 1998c).

Ähnlich dem Ansatz des Sachverständigenrats für Umweltfragen (vgl. Kap 3.2.3) schlägt SIEBERT (1998c, S. 89) ein „*Erschließungskonzept durch Schlüsselbegriffe*" vor, um ökologisches Denken zu unterstützen. Diese Begriffe sollen Leitlinien für die Umweltbildung sein, um ökologisches Verständnis zu vermitteln. SIEBERT (1998c) führt folgende Leitbegriffe auf, die keinen Anspruch auf Vollständigkeit oder ewige Gültigkeit erheben: Sparsamkeit, Globalität, Vernetzung, Nutzungskonflikte, Unberechenbarkeit, Naturschönheit und Ehrfurcht. Dazu kommt im Zuge aktueller Debatten der Begriff Nachhaltigkeit, der innerhalb der Bevölkerung noch wenig bekannt ist: Lediglich 11% in den Alten und 7% der Bürger in den Neuen Bundesländern kennen diesen Begriff (KUCKARTZ 1998).

Welche Facetten Wissen im Allgemeinen und Umweltwissen im Besonderen hat, untergliedert SIEBERT (1998c) in drei Teilbereiche:

- „To know what": Daten und Fakten sind nach wie vor eine grundlegende Basis. Beispielsweise sind zur Erklärung von Waldsterben Kenntnisse über die Funktion eines Baumes und die schädigende Wirkung von Ozon erforderlich. WEYER (1998a) fordert, dass ein Bildungszentrum neben abstrakten Sachverhalten auch konkretes Wissen vermitteln soll, da dies leichter behalten wird. Als Selbstzweck ist Faktenwissen für ökologisches Verständnis relativ nutzlos, wenn die Einbettung in die nächsten beiden Vermittlungsschritte fehlt.
- „To know why": Auf dem Weg zum ökologischen Verständnis sind Zusammenhänge und Ursachen wichtige Wegbegleiter. Um beim Beispiel Waldsterben zu bleiben: Es ist weniger wichtig, exakte Schadstoffmengen oder die chemische Formel

---

[29] Zitiert in FLIEGENSCHNEE, SCHELAKOVSKY 1998
[30] Zitiert in FLIEGENSCHNEE, SCHELAKOVSKY 1998
[31] In: Greenpeace 1995

der Photosynthese zu kennen als sich der Tatsache bewusst zu sein, dass Autofahren an heißen Sommertagen zur Ozonbildung führt und sich negativ auswirkt.
- „To know how": Das Wissen über Abläufe, Verfahren und Strategien liefert entscheidende Ergänzungen, um Faktenwissen von ökologischem Verstehen unterscheiden zu können. Waldsterben ist ein komplexes Phänomen, das von jedem einzelnen beeinflusst wird.

Des weiteren stellt SIEBERT (1998c, S. 92) Anforderungen an eine Wissensvermittlung, die beim Adressaten zum Lernerfolg führen soll:

- Demnach muss neu erlerntes Wissen anschlussfähig sein und mit bereits vorhandenem Wissen verknüpft werden. Dabei spielen nach WEYER (1998a) Alltagsbezüge eine besondere Rolle. Erfolgreiche Wissensvermittlung schließt an die Lebenswelt des Lernenden an. Damit ist eng verbunden, dass Wissen einen Gebrauchswert haben muss.
- Wissen soll sich aber nicht auf bekannte Strukturen beschränken, sondern einen Neuigkeitswert aufweisen. Neue Erfahrungen sollen Aufmerksamkeit erregen und Neugierde wecken, die zur Weiterbeschäftigung mit dem Thema anregen. So kann Umweltbildung die Basis eines selbstgesteuerten Lernprozesses sein.
- Lernprozesse müssen innerhalb der bereits beschriebenen psycho-hygienischen Spannweite stattfinden, um nicht zu unter- bzw. zu überfordern.
- Wissensvermittlung soll bei einem optimalen Aktiviertheitsgrad (vgl. „Arousal" Kapitel 3.1.1) stattfinden, bei dem Befinden, Leistung und somit Aufnahmevermögen am besten sind. Somit vermeidet Umweltbildung sowohl Langeweile als auch Überforderung beim Lernenden.
- Durch eigene aktive Wissensaneignung des Lernenden treten verstärkende Prozesse ein, beispielsweise durch Kombination mit explorativem Erleben (vgl. Kapitel 3.1.3.2). Die besondere Effizienz aktiver Informationssuche ist eine Hauptaussage des Selbstgesteuerten Lernens.
- Wissen, das über mehrere Kanäle (kognitiv, emotional, ästhetisch, pragmatisch) den Lernenden erreicht, wird wirkungsvoller aufgenommen als Inhalte, die beispielsweise nur gelesen werden (SIEBERT 1998c). Im Sinne des pädagogischen Ansatzes von PESTALOZZI[32] fordert aktuelle Umweltbildung multisensitive Wissensvermittlung. Für die menschliche Aufnahmefähigkeit ist auch der aktionale Faktor wichtig (WEYER 1998a). Das bedeutet, dass Lernen und Erleben nicht nur über das Denken oder das Fühlen ablaufen, sondern auch über die eigene Aktion und somit das konkrete Anfassen. So werden alle Sinne und Bewusstseinskomponenten angesprochen. Besonders das eigene Entdecken im Spiel bietet neben hohem Erlebniswert auch

---

[32] Zitiert in FLIEGENSCHNEE, SCHELAKOVSKY 1998

günstige Lernvoraussetzungen (WEYER 1998a). Wenn dieselbe Information über mehrere Kanäle das Gehirn erreicht, erhöhen sich sowohl die Aufmerksamkeit der Lernenden als auch der Erinnerungswert des Gelernten. Beispielsweise sind Bilder v.a. in der „Herumschlender-Phase" (vgl. Kapitel 3.2.5) leichter erfassbar als Texte – die Aufnahme der Botschaften geschieht z.T. auch unbewusst (ebenda). Auch LICHTL (2000) stellt die hohe Bedeutung von Bildern in der Umweltkommunikation heraus, da diese einprägsamer als Texte sind.

3.2.4.2 Bedeutung und Vermittlung von Umwelteinstellungen

Wissen ist die Grundlage von Einstellungen (FISCHER, HELLBRÜCK 1999). Der Lernende muss dieses Wissen jedoch als wichtig einstufen. Nur so können subjektive Relevanzfilter abgebaut werden, die jedes Individuum nach der Theorie des Konstruktivismus (vgl. Kapitel 3.2.3) in sich trägt (WEYER 1998a). Einstellungen können nicht erzwungen werden. Adressaten von Umweltbildungsmaßnahmen müssen sich selbstbewusst ihre eigene Meinung bilden können. Nach FLIEGENSCHNEE, SCHELAKOVSKY (1998) besteht ein Hauptziel von Umweltbildung darin, Emotionen zu wecken. Die tägliche Berichterstattung in Massenmedien zeigt den Umweltbereich häufig als enormes Gefahrenpotential. Der Umweltsektor wird zum Symbol einer permanenten, z.T. unsichtbaren Bedrohung und somit zu einem Leitmotiv der Risikogesellschaft wie sie BECK (1986) beschreibt (HEIDORN 1993). Durch Katastrophen wie Ozonloch, Treibhauseffekt und Überschwemmungen mangelt es an geweckten Emotionen wahrlich nicht. Leider führen diese nicht zu erwünschten Bewusstseins- oder gar Handlungsänderungen. Vielmehr wirken Katastrophen und Weltuntergangsszenarien abschreckend und entmutigend (LICHTL 2000).

Damit Informationen zu Einstellungsänderungen führen, müssen diese mit angenehmen Gefühlen besetzt werden (WEYER 1998a). Umweltbildung muss Umwelt als etwas Positives darstellen. Umweltbildung soll nach SIEBERT (1998c) eine Balance zwischen beruhigenden und ermutigenden Emotionen schaffen und somit zu Einstellungsänderungen führen:

- Drohende Zeigefinger oder Katastrophenpädagogik sind hierbei fehl am Platz (FLIEGENSCHNEE, SCHELAKOVSKY 1998). Bei der Darstellung von Umweltproblemen ist ein sensibler Umgang mit den Adressaten gefragt. Die Stärkung von Motivation und Selbstbewusstsein wird dadurch zum Hauptziel von Umweltbildung. Eine Präsentation, die den Adressaten frustriert und entmutigt, ist kontraproduktiv. Das Aufzeigen von Lösungsansätzen ist eher gefragt. Auch WEYER (1998a) unterstreicht die Aufforderung, keine neuen Ängste zu schüren, sondern v.a. das Positive

herauszustellen. Nicht nur „Worst-Practice-Beispiele" sollen angeprangert, sondern auch positive Trends vorgestellt werden.
- Der Wechsel von Rollen und Perspektiven ermöglicht den Adressaten neue Sichtweisen, die Einstellungen positiv beeinflussen können (WEYER 1998a).
- Nach LICHTL (2000) lassen sich Methoden der Suggestivwerbung dazu einsetzen, positive Umwelteinstellungen zu fördern. Prägnante Bilder und stimmige Musik eignen sich dazu hervorragend.

3.2.4.3 Bedeutung und Vermittlung von Umweltverhalten

Wie bereits erläutert, führen Wissen und Einstellungen nicht im erwarteten Rahmen zu Verhaltensänderungen. KUCKARTZ (1998) arbeitete Faktoren heraus, die nach seinen Untersuchungen das Umweltverhalten am signifikantesten beeinflussen oder umweltfreundliches Verhalten verhindern. Das folgende Kapitel stellt diese Aspekte dar und erweitert sie mit Anregungen zur Umweltbildungsarbeit.

Umweltverhalten als Dilemma des Umweltkonflikts
Nach KUCKARTZ (1998) unterliegen Umweltleistungen nicht dem Ausschlussprinzip privater Güter.[33] Auch wer z.B. die Luft nicht reinhält, darf sie atmen. Egoismus bringt persönlichen Nutzen und ist somit rational. Ökosysteme haben Selbstregelungsmechanismen entwickelt, um ihre gesamte Funktion aufrecht zu halten. In der menschlichen, v.a. in modernen westlich geprägten Gesellschaften scheinen solche Mechanismen nicht zu existieren. Die Literatur bezeichnet diesen Grundkonflikt als Allmende-Klemme.[34]

Umweltbildung kann hier einen erfolgversprechenden Ansatzpunkt finden. FISCHER, HELLBRÜCK (1999) schlagen hierfür das sogenannte Fischereispiel am Computer vor. Jeder Teilnehmer darf Fische aus einem simulierten See fischen – Beschränkungen existieren nicht. Ziel ist es, so viel wie möglich zu erwischen, die Fangergebnisse bleiben geheim. Obwohl hohe Fangquoten anfangs noch zum Gewinn führen, ist der See bald leergefischt. Eine nachhaltig ausgelegte Strategie aller Teilnehmer führt langfristig zum höchsten Nettonutzen für alle, obwohl Senkungen der Fangquote mit sofortigen persönlichen Verlusten verbunden sind. Das gegenseitige Vertrauen aller Mitspieler wächst zur Schlüsselqualifikation des gesamten Spiels. Wiederholungen führen im Regelfall zum verstärktem Fortschritt. Darauf aufbauend postuliert die Umweltpsychologie, zu messbaren Zielen herauszufordern.

---

[33] „Bei privaten Gütern gilt das Ausschlussprinzip - wer den geforderten Preis nicht zahlen will oder nicht zahlen kann, darf sie auch nicht nutzen." (KUCKARTZ 1998, S. 58).
[34] Allmende = Fläche innerhalb eines Dorfes, die der gemeinsamen Nutzung aller Bewohner dient.

Umweltverhalten und Rational Choice

KUCKARTZ (1998) sieht eine Wurzel der kognitiven Dissonanz zwischen Umweltwissen und Umweltverhalten in der Theorie des „Rational Choice". Der Mensch stellt als „Homo Oeconomicus" individuelle Kosten-Nutzen-Rechnungen auf. Die Wert-Erwartungs-Theorie unterteilt die Wahl einer bevorstehenden Handlung in drei Schritte:

1. Das Individuum nimmt die Situation wahr und identifiziert potenzielle Handlungsalternativen und Handlungsfolgen (ebenda). Der Wahrnehmungsprozess ist subjektiv (vgl. Kapitel 3.2.3 zum Konstruktivismus).
2. Der Handelnde bewertet die Alternativen in Bezug auf persönliche Präferenzen. Welche Nutzen und Folgen bringen die Optionen, die zur Verfügung stehen?
3. Der „Homo Oeconomicus" wählt die Möglichkeit mit dem höchsten Nettonutzen für die eigene Person (ebenda).

Verhaltensänderungen sind demnach hauptsächlich eine Folge von wirtschaftlichen Rahmenbedingungen. Zu Beginn des hohen Benzinpreisniveaus im Sommer 2000 war sogenannter Biodiesel an vielen Tankstellen ausverkauft. Nicht, weil er auf nachwachsenden Rohstoffen beruht und somit als ökologisch gilt, sondern weil er durch aktuelle Benzinpreisregelungen deutlich billiger als konventioneller Diesel ist. Nach der Rational Choice Theorie ist es logisch, dass billig erzeugtes Gemüse oder Fleisch weiterhin den Vorzug vor ökologisch sinnvolleren, jedoch teuren Alternativen erhalten. Eine Steuerung über Restriktionen oder die Schaffung ökonomisch sinnvoller Alternativen liegt nicht im Handlungsspielraum der Umweltbildung. Moderne Umweltbildung, die ihre Zielgruppen zu umweltfreundlichem Handeln bewegen will, kann aus der Rational Choice Theorie zwei Ansatzpunkte finden:

- Sie kann Handlungsalternativen vorstellen, die ökonomisch und ökologisch sinnvoll sind.[35]
- Rational Choice in modernen Gesellschaftsstrukturen umfasst aber mehr als wirtschaftliche Parameter. Subjektive Werte, Einstellungen, Ängste und weitere subjektive Präferenzen sind für den einzelnen Menschen ebenfalls vernünftig. Nach der Theorie der Erlebnisgesellschaft handelt das moderne Individuum erlebnisrational. Es bewertet Handlungsalternativen auch nach dem Erlebniswert. Dieser führt bei umweltrelevantem Handeln selten zu unmittelbaren positiven Stimuli. Nach KUCKARTZ (1998) kann es jedoch zu gutem Gewissen führen und das Wohlbefinden steigern.

---

[35] Ein Musterbeispiel ist hierfür die Nordlichtkampagne, eine Förderinitiative für Energiesparlampen (FISCHER, HELLBRÜCK 1999).

Umweltverhalten und Lebensstil

Das Umweltverhalten verschiedener Lebensstilgruppen kann auf unterschiedliche Motive zurückgeführt werden. Universelle Forderungen und generalistische Leitbilder an die Allgemeinheit sind für Verhaltensänderungen wenig dienlich. Erfolgreiche Umweltbildung arbeitet daher zielgruppenspezifisch. Gerade Angebote, die im Regelfall jeden Teilnehmer nur einmal kurzzeitig erreichen, wie SIZen, können Lebensstilgruppen nicht vollständig in Frage stellen oder verurteilen, da dies weit außerhalb der psychohygienischen Reichweite liegen würde. Vielmehr gilt es, diese Gruppen bzw. Umweltverhaltenstypen mit ihren Verhaltensmustern zu kennen, umweltfreundliche Aspekte zu stärken und schädliche Einflüsse zu minimieren (KUCKARTZ 1998). Eine kritiklose Akzeptanz aktueller Verhältnisse ohne Selbstreflexion ist dennoch nicht gefragt. Es gilt das Gleiche wie beim „Rational Choice": Obwohl umweltfreundliches Verhalten weniger die unmittelbare Suche nach dem Erlebnis befriedigt, kann es das generelle Wohlbefinden fördern. Die Bestätigung positiver Verhaltensansätze und das Aufzeigen ökologisch sinnvoller Handlungsalternativen durch Umweltbildung können die Identifikation mit der jeweiligen Lebensstilgruppe und somit das Lebensgefühl positiv beeinflussen. Auch nach FLIEGENSCHNEE, SCHELAKOVSKY (1998) muss Umweltverhalten für den Lebensstil attraktiv sein.

Wie Verhaltensänderungen erzeugt werden können, beschreibt die sogenannte „Foot-in-the-door-Technik" (FISCHER, HELLBRÜCK 1999). Hierbei spielt die zielgruppenspezifische Ansprache eine zentrale Rolle. Grundlage der Theorie ist die psychohygienische Zumutbarkeit. Erste Forderungen an Teilnehmer von Umweltbildungsmaßnahmen dürfen nicht zu hoch sein. Stellen sich diese geringen Anforderungen als lösbar heraus, kann die obere Toleranzgrenze der Zumutbarkeit steigen. Umweltbildung kann also beim Adressaten einen „Fuß in die Tür setzen". So können die Adressaten schrittweise an umweltfreundlicheres Handeln herangeführt werden. Druckausübung oder der erhobene Zeigefinger sind dabei kontraproduktiv. Vielmehr muss Umweltbildung ihre Teilnehmer an Alternativen heranführen, die Entscheidung dafür müssen die Adressaten jedoch selber treffen. Denn Entscheidungen, die ein Individuum im Gefühl der Freiheit trifft, weisen eine höhere Beständigkeit auf (ebenda).

3.2.5 Anforderungen an die Umweltbildung in SIZen

Bildung gehört zu den herausragenden Aufgaben einer Großschutzgebietsverwaltung. Je nach Ausstattung umfasst die Bildungsarbeit zahlreiche Einzelkomponenten mit unterschiedlichen Inhalten, Zielsetzungen und Zielgruppen. Hierzu gehören in fast allen Schutzgebieten Erlebniswanderungen für Kinder und Erwachsene, Lehrpfade, Fachführungen für spezialisiertes Publikum oder Tagungen und Seminare. Dazu kommen in manchen Großschutzgebieten Erlebniswochen für Kinder oder Nationalparkjugendgruppen. Das SIZ ist also in der Regel in eine breite Palette von Angeboten eingebettet. Ein SIZ kann als Anlaufstelle für Besucher direkt zur Umweltbildung beitragen und zusätzlich ein Wegbegleiter und Motivator für die Teilnahme an weiteren Angeboten sein. Im Umkehrschluss muss die Bildungsarbeit im SIZ keinen Anspruch auf Vollständigkeit erheben. Gerade Forderungen der Naturpädagogik (vgl. Kapitel 3.2.3) kann viel besser im Gelände als im SIZ Rechnung getragen werden.

Kernstück der Umweltbildung im SIZ ist im Regelfall der Ausstellungsteil. Generell gehören Umweltausstellungen zur sogenannten informellen Umweltbildung. Nach WOHLERS (1998) ist ein SIZ ein idealtypischer Vertreter dieser Gattung. Formelle Umweltbildung, wie sie beispielsweise im Schulunterricht praktiziert wird, ist im Normalfall verpflichtend oder prüfungsrelevant. Die Motivation der Teilnehmer ist extrinsisch, d.h. von außen vorgegeben. Der Lehrende gibt Verhaltens- und Auseinandersetzungsformen vor und unterteilt die Lehrinhalte fachlich und zeitlich. Informelle Umweltbildung verfolgt ähnliche Ziele wie die formelle Form, nämlich Vermittlung von Wissen und Einstellungen. Ausgangsvoraussetzungen und Methoden unterscheiden sich jedoch in wesentlichen Punkten:

- Die zeitliche Dauer, Tempo und Form der Auseinandersetzung bestimmt der Adressat und somit der Besucher im SIZ selbst. Sowohl für den Lern- als auch für den Erlebnisprozess – inklusive potenzieller Rückkopplungseffekte – ist diese Selbststeuerung optimal (SIEBERT 1998c).
- Die Aufenthaltsdauer in informellen Bildungseinrichtungen ist im Regelfall eher gering. WEYER (1998a) beschreibt einen typischen Ablauf des Aufenthalts in einer Umweltausstellung: Von der gesamten durchschnittlichen Aufenthaltsdauer von etwa zwei Stunden beträgt die Zeit des aktiven aufnahmefähigen Erkundens lediglich rund 30 Minuten, das Herumschlendern, während dessen Informationen nur bedingt aufgenommen werden, dauert 20 bis 45 Minuten. Die restliche Zeit dient der Orientierung etc.
- Der Besuch eines SIZs findet in der Regel in der Freizeit statt und ist somit freiwillig.[33] Da die Adressaten nicht auf die Beherrschung von Lernzielen angewiesen sind, dient das Lernen auch der persönlichen Unterhaltung. Die Lernumgebung soll daher vielfältig und entspannt sein (WOHLERS 1998). Durch die Freiwilligkeit der Teilnahme ist die Motivation intrinsisch, d.h. durch den Teilnehmer bestimmt. Ein unterhaltsames Angebot fördert intrinsische Motivation. Der Aufenthalt soll Freude und Spaß vermitteln. Eine positive Grundstimmung im Zentrum erhöht die Moti-

---

[36] Eine Ausnahme bilden Schulklassen. Diese werden im Regelfall von Lehrern oder Mitarbeitern des SIZs betreut, womit der Bildungsprozess den informellen Rahmen verlässt. Die Wirkung der Ausstellung muss hierbei um die Qualität der personenbetreuten Bildung ergänzt werden. Personenbetreute Bildungsarbeit ist ein eigenes Feld, dem im Rahmen dieser Arbeit nicht Rechnung getragen werden kann. Daher betrachten die Folgekapitel nur Besucher, die freiwillig SIZen besuchen.

vation, sich auf die Ausstellung einzulassen (PAATSCH 1999, WEYER 1998b). Gute Unterhaltung alleine trägt jedoch nicht zum Lernerfolg bei (WOHLERS 1998).
- Informelle Umweltbildung findet normalerweise in der Kleingruppe statt, das gemeinsame Lernen dient als soziales Ereignis. D.h. die Besucher kommen in der Regel nicht alleine und wollen während des Aufenthaltes auch sozial interagieren (WEYER 1998a). Dazu kann auch die Raumatmosphäre des Zentrums ermutigen. Gruppenerlebnisse erhöhen die Kommunikation und tragen somit dazu bei, dass über das Gespräch dargestellte Inhalte eher verstanden werden und im Gedächtnis bleiben. Spezielle Verhaltensformen sind nicht zwingend vorgegeben (ebenda).
- Nach WOHLERS (1998) sollen die Inhalte informeller Umweltbildung stringent gegliedert sein. An der Spitze der Informationshierarchie soll eine grundlegende, eindringliche Hauptbotschaft stehen. Darunter reihen sich weitere Botschaften, die ebenfalls leicht verständlich sein sollen.
- Kapitel 3.2.3 und 3.2.4 dienen als Basis für die Umweltbildung und somit für die Ausstellungsgestaltung in SIZen. Im Vordergrund steht die Vermittlung von Wissen und von Einstellungen. Es bestehen kaum gesicherte Erkenntnisse darüber, inwieweit informelle Umweltbildung umweltrelevantes Verhalten beeinflusst (WOHLERS 1998). Aufgrund der enormen Komplexität von Verhalten sind Erfolgsaussichten eher unwahrscheinlich.

3.3 Theoretischer Kriterienkatalog für ein SIZ

Der folgende theoretische Anforderungskatalog ist ein Resümee aus den vorangegangenen Kapiteln. Er enthält Kriterien, die wichtige Bausteine für die Planung von SIZen sind. Aufgrund der Zielsetzung der Arbeit konzentrieren sich die folgenden Anforderungen für die Gestaltung eines SIZs auf intrinsische Themen (vgl. Kapitel 1.2). Für die konkrete Planungsumsetzung müssen diese durch extrinsische Aspekte, wie Kommunikationspolitik und Qualitätssicherung ergänzt werden.

Wie kontrastreich der Umgang mit komplizierten und problemreichen ökologischen Zusammenhängen und der Erlebnisorientierung moderner Gesellschaft auch erscheinen mag, hoffnungsvolle Schnittstellen zwischen beiden Feldern existieren. Anforderungen an Erlebniswelten und Umweltausstellungen zeigen erstaunliche Parallelen oder lassen zumindest Kompromisse zu, die für beide Seiten zufriedenstellend sind. Die Ziele, die beide Sparten verfolgen, behindern sich kaum gegenseitig oder sind häufig sogar deckungsgleich. Diese Überschneidungen zwischen „Bildungseinrichtungen" und „Kathedralen der Freizeitgesellschaft" sind von beiden Seiten erkannt worden. So fordert FICHTNER (1997), die positive Atmosphäre von Erlebniswelten zu nutzen, um Botschaften zu vermitteln. WOHLERS (1998, S. 217) hingegen schreibt: *„Laut* MINTZ *(1994) loben Museumsbesucherforscher Themenparks insofern, als diese die gelungenste Umsetzung dessen zeigen, was von Seiten der Forschung bereits seit längerem für Museen gefordert wird: gute Unterhaltung."* Das zusammenführende Schlagwort hierfür ist „Edutainment" oder wie es PAATSCH (1998) ausdrückt: aufklärende Kurzweil. Folgende Abbildung 9 illustriert diese Forderung, Synergien zwischen Bilden und Erleben herzustellen

Die folgenden Kriterien sind eine Zusammenschau des 3. Kapitels. Die Anforderungen an ein SIZ beruhen auf den herausgearbeiteten theoretischen Hintergründen. Sie fassen die Aussagen verschiedener Autoren zusammen, die in Kapitel 3 zitiert wurden.

Die **Gestaltung** eines SIZs ist ein wichtiger Baustein, um als attraktive Einrichtung auf dem Markt der Erlebniswelten wahrgenommen zu werden. Die Architektur soll wie ein Magnet auf Besucher wirken und potenzielle Schwellenängste abbauen. Jedoch sollen die Planer die Architektur nicht verabsolutieren, da die Vermittlung von Inhalten hauptsächlich im Inneren stattfindet. Das Raumkonzept soll daher nicht der Außenarchitektur untergeordnet werden. Außen- und Innenraum müssen stimmig sein. Ebenso muss das Umfeld in die architektonische Gestaltung einbezogen werden. Gelungenes Design und abgeschlossene Inszenierungen im Inneren ergänzen oder ersetzen Exponate im konventionellen Sinn. Sie untermalen Informationen, ersetzen sie aber nicht vollständig. Alles soll stimmig sein: Licht, Farben und Temperatur.

Ein SIZ muss seinen Besuchern einen hohen **Erlebniswert** bieten, wie in den vorangegangenen Kapitel ausführlich erläutert wurde. Dabei steht nicht eine Aneinanderreihung von Attraktionen im Vordergrund, sondern eine synergetische Verbindung mit den Bildungszielen des Hauses. Qualität ist Quantität vorzuziehen. Im Rahmen einer Optimierung des Erlebens spielt auch Exklusivität eine Rolle. Der Besuch in einem SIZ soll bequem erfolgen können. Zugangsbarrieren wie ungeeignete Öffnungszeiten, mangelnde Infrastruktur oder technisch bedingte Unannehmlichkeiten gilt es so weit wie möglich auszuschließen.

Eine Grundforderung an Besuchereinrichtungen besteht darin, Gäste als differenzierte **Zielgruppen** zu erkennen und anzusprechen. Trotz der Eindringlichkeit dieser Forderung liegt es in der Natur der Kommunikationsaufgabe von SIZen, sich an alle Besucher des Schutzgebiets zu wenden. Die Adressatenstruktur ist heterogen. Alter, Vorkenntnisse, Interesse, Gruppendynamik oder Erwartungen der Besucher können sich extrem unterscheiden. D.h. Besucher mit wenig Vorkenntnissen und schmalem Interesse besuchen das SIZ ebenso wie Hochinteressierte, die viel Zeit mitbringen, um nachzudenken, zu reflektieren und zu lernen. Die Zielgruppenansprache soll daher abgestuft innerhalb der Einrichtung erfolgen. Für die Praxis stellt sich die Frage, inwiefern innerhalb einer heterogenen Besucherstruktur, Zielgruppen spezifisch angesprochen werden können.

Der Besuch eines SIZ ist ein **soziales Ereignis**. Sowohl der Erlebniswert als auch der Lernerfolg steigen während der Kommunikation mit anderen. OPASCHOWSKI (1995 und 1998) fordert, dass Freizeit die Kommunikation wieder anregen soll, da Geselligkeit seiner Ansicht nach zum Glückserleben beiträgt. Freizeit soll dazu ermutigen, Erfahrungen und Gefühle wieder verstärkt auszutauschen. Das Angebot im SIZ soll die Kommunikation in den Kleingruppen (z.B. Paare, Familien) wieder anregen.

Auch für kleine Erlebniswelten ist eine breite **Angebotspalette** ein Weg zum Erfolg. Die klassische Plakatwandausstellung wird als Angebot nicht reichen. Neben einer ansprechenden Ausstellung gehören differenzierte Zusatzangebote zum Grundgerüst moderner Freizeiteinrichtungen. Ein breiter Angebotsmix trägt zur Erhöhung des Erlebniswertes bei. Voraussetzung hierfür ist allerdings, dass bei der Planung des SIZs geeignete Veranstaltungsräumlichkeiten integriert werden. Wechselnde Sonderausstellungen und Extraveranstaltungen bereichern das Standardprogramm der Dauerausstellung.

Die Verwaltung eines Großschutzgebiets erfüllt mit dem Betrieb eines SIZs einen Teil ihres **Umweltbildungsauftrags**. Im SIZ sollen vorrangig Wissen und Einstellungen vermittelt werden. Für das Oberziel der Umweltbildung, ihre Adressaten an umweltfreundliches Verhalten heranzuführen, bieten sich im SIZ höchstens dezente Ansatzpunkte. Aufgrund der Komplexität von Umweltverhalten kann dieses im SIZ nur wenig beeinflusst werden. Folgende Kernaussagen dienen als Leitlinien für die Wissens- und Einstellungsvermittlung im SIZ. Im Unterpunkt „Einstellungsvermittlung" sind auch Ansatzpunkte integriert, die das Umweltverhalten positiv beeinflussen können.

Wissensvermittlung
- Vermitteltes Wissen soll holistisch sein. Der Themenschwerpunkt soll auf dem Schutzgebiet und dessen Einbettung in ökologische Zusammenhänge liegen, damit das Publikum den wesentlichen Kontext erfasst.
- Die Informationsdichte soll hierarchisch gegliedert sein. Im Mittelpunkt steht eine eingängige und griffige Kernaussage.
- Untergeordnete Grundaussagen sollen leicht verständlich sein und den Adressaten weder unter- noch überfordern.
- Das vermittelte Wissen soll zum Verständnis von Zusammenhängen beitragen. Dies umfasst sowohl die Themenwahl als auch die Darstellungsform.
- Die Inhalte sollen an die Lebenswelt der Adressaten anschließen.
- Eine Umweltausstellung soll zum Entdecken auffordern. Der Lernende soll die Möglichkeit zum selbstgesteuerten Erkunden haben.
- Die Informationen sollen den Adressaten auf vielen Kanälen erreichen.
- Das SIZ muss als „Lehrender" eigene Ansprüche zum Thema Umweltschutz auch selber einlösen.

Einstellungsvermittlung
- Informationen sollen mit positiven Emotionen besetzt werden. Natur muss als etwas Schönes präsentiert werden. Die Atmosphäre soll lebensfroh sein.
- Der Adressat soll zum Kontakt mit der Umwelt und zum sensiblen Umgang ermutigt werden. Das Angebot soll Selbstbewusstsein stärken und neue Ziele eröffnen.
- Sowohl Informationen als auch Handlungsvorschläge sollen innerhalb der „psychohygienischen Spannweite" liegen.
- Das Aufzeigen echter Handlungsalternativen, die ökologisch und ökonomisch sinnvoll sind, kann Verhaltensänderungen hervorrufen.
- Durch gezielte Ansprache des Lebensstils kann umweltfreundliches Verhalten das Lebensgefühl positiv beeinflussen.
- Wiederholte „Allmende-Simulationen" können zum „foot-in-the-door" beitragen.

Trotz der dargestellten Ambivalenz der **Naturinszenierung** kann diese einen wichtigen Beitrag zum Erfolg eines SIZs leisten. Dabei kann es nicht Ziel sein, die Natur zu simulieren, zu perfektionieren und damit einen Kontrapunkt zum Schutzgebietsziel „Umweltbildung" zu setzen. Das Netzwerk „Inszenierung" ist zwischen verschiedenen Eckpfeilern aufgespannt, die für ein SIZ mehrere Fragen aufwerfen:

- Sowohl Umweltausstellungen als auch marktorientierte Erlebniswelten wollen ihren Adressaten hohe **Wiedererkennungs-** und **Wiederfindungswerte** bieten. Die Präsentation des Themas „Schutzgebiet" strotzt vor attraktiven Ansatzpunkte, diese beim Besucher zu wecken. Je nach Landschaft des Großschutzgebiets eignen sich z.B. Wälder, Einzelbäume, Berge, Küsten oder Tiere als prominente „Aufhänger", die dem Besucher wohl bekannt sind. Diese Landschaftselemente erwecken beim Besucher zahlreiche Assoziationen, die für Ziele des SIZs instrumentalisiert werden können. Im Gegenzug fordert die Umweltbildung, den Menschen an die Natur heranzuführen. Die Simulation von Natur läuft diesem Ziel zuwider, da durch die Illusion der Mensch weiter von der Natur entfremdet wird (vgl. Kapitel 3.1.4.1). Offen bleibt die Frage, wie diese Markenzeichen der Schutzgebiete in die Inszenierung integriert werden können, ohne die Entfremdung des Menschen von der Natur zu fördern.
- Eine weitere offene Frage ist eng mit dem Konfliktpotenzial – Wiedererkennung contra Illusion – verbunden. Welcher Bezug soll zwischen realer Natur und SIZ herrschen?
- Ein dramaturgischer Leitfaden ist ein probates Mittel, den Erlebniswert zu unterstützen. Ein gelungener Spannungsbogen macht eine Besuchereinrichtung erst interessant. Die Verbindung der Komponenten eines SIZs zur Story trägt zu dessen Attraktivität bei. Gerade eine geschickte Verbindung von Assoziationen zur Natur kann die sogenannte „Touching Atmosphere" (SEVCIK zitiert in STEINECKE 1997) erzeugen. Die Story kann eine fruchtbare Basis schaffen, auf der Erlebnisse wachsen können. Trotz des roten Fadens soll das SIZ seinen Besuchern Raum für eigene Ideen und Assoziationen geben. Die Besucher sollen suchen, erkunden, reflektieren und erforschen dürfen und je nach Interesse Schwerpunkte setzen. Im Rahmen der Studienkonferenz „Entdecken, Staunen, Lernen – Naturwissenschaftlich-Technische-Erlebniswelten" am 21.03.2000 der Thomas-Morus-Akademie in Bensberg entfaltete sich in der Schlussdiskussion eine konträre Debatte darüber, ob eine Erlebniswelt eine Story besitzen soll oder nicht. Die Pro- und Contra-Argumente siedeln sich zwischen den dargestellten Polen – „Self-Directed-Learning" und „Dramaturgischer Leitfaden" – an. Diese Diskussion zeigt, dass dieses Problem nicht einfach durch eine Forderung abzudecken ist, bzw. dass hier Klärungsbedarf besteht.

4 Praktische Impulse

4.1 Methodik und Zielsetzung

Kapitel 3 der vorliegenden Arbeit leitete Anforderungen her, die aus Sicht moderner Freizeitgestaltung und Umweltbildung an SIZen gestellt werden. Diese Kriterien zeigen sowohl Überschneidungsbereiche als auch offene Fragen. Möglichkeiten, diese Forderungen in die Praxis umzusetzen bzw. mit potenziellen Konfliktbereichen umzugehen, demonstriert das folgende Kapitel 4 der Arbeit.

Die Grundlage zum Kapitel „Praktische Impulse" ist eine Untersuchung, die im Rahmen einer öffentlichen Ausschreibung vergeben wurde. Die Nationalparkverwaltung Hainich beauftragte das Büro für Landschaftsentwicklung, eine vergleichende Studie über SIZen zu erstellen. Die Verwaltung des thüringischen Nationalparks will aufgrund der Untersuchungsergebnisse die Planungen für ein eigenes SIZ zügig und effektiv vorantreiben. Von Januar bis Februar 2000 bereiste der Autor zusammen mit der Auftragnehmerin der zugrundeliegenden Studie acht ausgewählte Besuchereinrichtungen. Die Auswahl der zu bereisenden Einrichtungen durch den Auftraggeber basiert auf einer Zusammenstellung von über 50 Häusern durch die Auftragnehmerin und dem Autor der vorliegenden Untersuchung.

Die acht ausgewählten Zentren decken eine große Spannweite ab. Diese Spannweite bezieht sich sowohl auf die Funktion und das Alter der Häuser als auch auf die Flächen mit deren Schutzphilosophien, die sie repräsentieren. Die Bereisung war nicht auf SIZen beschränkt, um auch aus Nachbarbereichen positive Impulse auffangen zu können. Zu den ausgewählten Einrichtungen zählen neben SIZen ein Naturkundemuseum und zwei Erlebniswelten, wovon eine keinen Bezug zu Naturthemen hat.

Der theoretische Kriterienkatalog spannt dabei den Rahmen für die Untersuchung der bestehenden Besuchereinrichtungen auf. Im Vordergrund des Interesses stehen beispielhafte Umsetzungsmöglichkeiten, die sowohl Bedürfnisse der Umweltbildung als auch Freizeitunterhaltung symbiotisch vereinen. Anhand der aufgeführten Beispiele werden Antworten auf offene Fragen gesucht. Daneben beleuchtet die Bewertung einzelne Aspekte der jeweiligen Zentren, die im Gegensatz zu den theoretischen Kriterien stehen. Diese Abweichungen zeigen Schwierigkeiten auf, die bei der Planung besonders berücksichtigt werden sollten.

Kapitel 4 erhebt nicht den Anspruch, eine Evaluierung der Häuser zu sein, obwohl die vorliegende Arbeit einen Baustein dazu beitragen könnte. Nach KLEIN (in SCHER 1998) sind Nicht-Besucher-Studien wichtige Elemente der Qualitätssicherung von Besuchereinrichtungen, um versteckte Potenziale zu entdecken und Zugangsbarrieren zu erkennen. Bei der Durchführung von Besucherstudien fordert KLEIN (1998) die Differenzierung zwischen intrinsischen und extrinsischen Themen.

Das Kapitel konzentriert sich, gemäß dem theoretischen Kriterienkatalog, auf intrinsische Themen der untersuchten Zentren. Dazu zählen nach KLEIN (in SCHER 1998) u.a. Angebotsvielfalt, Art der Präsentation, Medieneinsatz und die Gestaltung. Die Bestandsaufnahme umfasste zwei Komponenten. Zum einen wurde bei der Bereisung die gesamte Einrichtung dokumentiert. Zum anderen wurden im Rahmen der Auftragsarbeit Gespräche mit den Betreibern der Zentren über Hintergründe, Zielsetzungen und Rahmenbedingungen geführt.

1. Ars-Electronica-Center/Linz, Österreich
2. Besucherzentrum mit Museonder/Nationalpark Hoge Veluwe, Niederlande
3. Blumberger Mühle/Biosphärenreservat Schorfheide Chorin
4. Hans-Eisenmann-Haus/Nationalpark Bayerischer Wald
5. Haus-des-Waldes/Stuttgart
6. Multimar Wattforum/Nationalpark Schleswig-Holsteinisches Wattenmeer
7. Museum am Schölerberg/Osnabrück
8. Naturparkzentrum Botrange/Deutsch-Belgischer-Naturpark: Hohes Venn–Eifel, Belgien

Im Vordergrund des vierten Kapitels steht die Schaffung einer Basis, woraus Ableitungen für den Leitfaden möglich sind. Daher sind die folgenden Kapitel thematischen Einheiten zugeordnet. Die Untergliederung nach den untersuchten Zentren erfolgt innerhalb der einzelnen Kapitel. Die Reihenfolge der Zentren innerhalb der Kapitel ist alphabetisch geordnet. Zur besseren Verständlichkeit sind einzelne Widerholungen in den Unterpunkten unumgänglich. Basis-Informationen zu den Zentren führt die anschließende Tabelle auf.

Es handelt sich nicht um eine Aneinanderreihung verschiedener kompletter Ausstellungs-Dokumentationen. Um den Aufbau einer Ausstellung bestmöglich nachvollziehen zu können, empfiehlt sich die Lektüre der entsprechenden Unterpunkte in den folgenden Kapiteln:

- Kapitel 4.2 behandelt sowohl die Punkte Architektur als auch Inszenierung des Inhalts. Es zeigt, wie gelungene Gesamtkompositionen aussehen können. Daneben stellt das Kapitel Wege dar, Natur zu inszenieren, ohne den Menschen weiter von ihr zu entfremden.
- Kapitel 4.3 beleuchtet das Potenzial der Zentren, als Umweltbildungsstätten zu fungieren. Nach WOHLERS (1998) gibt es im informellen Bereich wenig Erfahrungen bzw. erprobte Instrumente. Deshalb interpretiert der Autor die Umsetzungsbei-

spiele auf Basis des theoretischen Kriterienkatalogs mit besonderer Berücksichtigung der Kapitel 3.2.2 bis 3.2.4.
- Kapitel 4.4 erläutert, wie die Referenzeinrichtungen zwischen verschiedenen Zielgruppen differenzieren. Ebenso zeigt es Wege auf, soziale Interaktion zwischen den Besuchern herbeizuführen.

Einem zentralen Punkt der theoretischen Forderungen ist kein eigenes Kapitel gewidmet: dem Erlebniswert. Aufgrund der enormem Komplexität ist die theoretischdeduktive Bewertung potenzieller Erlebnisprozesse kaum möglich. Erlebnisse sind selbst unter Zuhilfenahmen von Besucherstudien nur schwer messbar (FICHTNER 1997, SCHOBER 1993). Sie sind dennoch ein zentraler Aspekt des gesamten vierten Kapitels. In Anlehnung an das „DESIRE-Modell" nach STEINECKE (1997) wird der Erlebniswert als Zusammenspiel verschiedener Aspekte des theoretischen Kriterienkatalogs betrachtet und ist somit ein roter Faden, der sich durch das gesamte vierte Kapitel zieht.

Tabelle 1: Die untersuchten Zentren auf einen Blick (Quelle: Erhebung durch Diepolder, Küblböck 2000)

	Ars-Electronica-Center	Blumberger Mühle	Naturparkzentrum Botrange	Besucherzentrum mit Museonder
Auftrag	Erlebniswelt zum AEC-Festival für elektronische Kunst	Nabu Info-Zentrum, SIZ, BSR Schorfheide-Chorin	SIZ, Deutsch-Belgischer-NP: Hohes Venn-Eifel	SIZ, NLP Hoge Veluwe
Träger	AEC-Betriebs GmbH, Tochter der Stadt Linz	Nabu	Verbund freier Träger	NLP-Stiftung Hoge Veluwe
Lage	in Linz (Österreich)	nähe Angermünde (Brandenburg)	nähe Robertville (Belgien)	nähe Apeldoorn (Niederlande)
Eröffnung	1996	1997	1984, Umbau 1996	1993 Ausbau 1996
Besucheraufkommen in der Ausstellung (1999)	95.000	40.000	17.600	360.000
Internetadresse	www.aec.at	www.blumberger-muehle.de	www.hohesvenneifel.naturpark.de	www.hogeveluwe.nl
Angebote neben Umweltausstellung und Info-Counter	Cafeteria Führungen Sonderprogramm für Schulen Konferenzen Veranstaltungen für Partner und Investoren des Festivals	Restaurant Laden Filmsaal Natur-Erlebnislandschaft mit Führungen Abendveranstaltungen Open-Air-Kino	Restaurant Verkaufsfläche Filmsaal Umweltbildung im Umfeld	Restaurant am Vorplatz Laden Natur-Erlebnislandschaft

Praktische Impulse/Methodik und Zielsetzung

	Hans-Eisenmann-Haus	Haus des Waldes	Museum am Schölerberg	Multimar Wattforum
Auftrag	SIZ NP Bayerischer Wald	Umweltbildungszentrum im Auftrag der Träger	Naturkundemuseum	SIZ NP Schleswig-holsteinisches Wattenmeer
Träger	NLP-Verwaltung Bayerischer Wald	LFV, KuMi, SDW	Stadt Osnabrück, KuMi	NLP Service Betriebs GmbH
Lage	nähe Neuschönau (Bayern)	im Stuttgarter Stadtwald (Baden-Württemberg)	in Osnabrück (Niedersachsen)	in Tönning (Schleswig-Holstein)
Eröffnung	1982, Ausbau 1997	1997	1988	1999
Besucheraufkommen in der Ausstellung (1999)	130.000	27.000	90.000	207.000 (2000)
Internetadresse	www.nationalpark-bayerischer-wald.de	www.hausdeswaldes.de	www.osnabrueck.de/erlebnis/1608.html	www.multimar-wattforum.de
Angebote neben Umweltausstellung und Info-Counter:	Restaurant am Vorplatz Kleiner Laden Filmsaal Führungen im Haus Abendveranstaltungen Bücherei Kunstausstellungen mit Vernissagen	Filmsaal Div. Umweltbildungsangebote im Umfeld	Kleine Verkaufsfläche Filmsaal Sonderausstellungen Führungen Kindergeburtstage Bücherei Planetarium	Restaurant Kleiner Laden Aquarien Div. Abendveranstaltungen Diskussionsrunden Führungen

Abkürzungen: Ars-Electronica-Center (AEC), Biosphärenreservat (BSR), Kultusministerium (KuMi), Landesforstverwaltung (LFV), Nationalpark (NLP), Naturpark (NP), Naturschutzbund (Nabu), Schutzgemeinschaft Deutscher Wald (SDW)

4.2 Architektur und Inszenierung

Die Inszenierung von Natur besitzt, wie erläutert, eine breitgefächerte Ambivalenz. Einerseits gehört eine geglückte Inszenierung zum erfolgreichen Instrumentarium von Erlebniswelten, andererseits kann sie dem Bildungsauftrag zuwider laufen (vgl. theoretischer Kriterienkatalog). Inszenierung kann somit im Spannungsfeld zwischen Erlebnisorientierung und Umweltbildung stehen. Ähnliches gilt für die Architektur. Sie soll ansprechend sein, durch markantes Design auf dem Markt wahrgenommen werden und mit dem Innenraum eine Einheit bilden. Objektive Messungen, wie faszinierend eine Inszenierung ist (FICHTNER 1997) oder wie sehr sie entfremdet, sind schwer durchführbar. Ob und wie die untersuchten Zentren die Ausstellungsinhalte gliedern, verbinden und in Szene setzen, zeigt das folgende Kapitel. Die Unterkapitel unterscheiden sich in ihrer Länge, was durch Unterschiede zwischen den Häusern begründet ist. Je homogener die gesamten Inszenierungen aufgebaut sind, desto präziser und knapper sind generalisierende Beschreibungen und Interpretationen möglich. Wertende Aussagen beruhen auf der Interpretation des Autors.

Ars-Electronica-Center (AEC)

Durch seine Position am einem Brückenkopf ist das Haus, trotz der Lage in der Innenstadt, weithin sichtbar. Der moderne Glas-Beton-Bau wirkt von nahem sachlich nüchtern, von weitem zeigt sich seine Verspieltheit. Der exponierte Standort unmittelbar am Ufer der Donau wirkt attraktiv. Die Innenraumgestaltung lehnt sich an die Außenarchitektur an. Sie wirkt nüchtern; die einheitliche stimmige Farbgebung und die Verwendung runder Formen verleihen dem Interieur „Corporate Design". Details, wie die Drehkreuze an der Eingangstür, sind futuristisch gestaltet.

Die Erlebniswelt des AEC in Linz präsentiert sich auf vier Stockwerken, denen jeweils ein eigenes Thema zugeordnet ist. Das Erdgeschoss stellt „Automaten und Cyborgs" aus, das Untergeschoss und ein Zwischendeck haben das Leitmotiv „Virtual Reality", das erste Obergeschoss präsentiert die „Cybercity" und die zweite Etage „Wissen". Eine „Story" wird im Ars Electronica Center nicht erzählt. Die Stockwerke bauen nicht aufeinander auf. Der Rundgang ist frei wählbar. Der gedankliche Überbau ergibt sich aus dem interaktiven Einsatz digitaler Medien. Die thematische Untergliederung ergibt sich aber nicht auf den ersten Blick. Innerhalb der Stockwerke befindet sich eine Ansammlung unterschiedlicher interaktiver Elemente. Über einen bewusst eingesetzten Spannungsbogen oder über auffällige Inszenierungen der Themen, beispielsweise durch besondere Raumgestaltungen, verfügt das AEC nicht. Im Ars-Electronica-Center herrscht Kunstlicht vor. Wegen der vielen Bildschirme ist das Licht sehr gedämpft. Tageslicht dagegen wird bewusst im Eingangsbereich, in Teilen des Erdgeschosses und im Obergeschoss eingesetzt, in dem sich der Gastronomiebereich, das sogenannte „Media-Sky-Loft", befindet. Von dort haben die Besucher einen guten Überblick über die Stadt Linz. Auf dem Zwischendeck, über dem Info-Counter, ist eine der Attraktionen des Hauses – der „Humphrey" (Abbildung 9) – installiert. Dieser wirkt futuristisch, weckt Interesse und ist werbewirksam auch von außerhalb sichtbar. Mit Hilfe des „Humphrey" kann der Besucher aus der realen Umwelt heraus eine Reise in eine virtuelle Welt antreten. Die Platzierung der futuristischen Installation über der Kasse am Eingang kann sicherlich bei aufgeschlossenen Zielgruppen Neugierde wecken, ob aber Schwellenangst bei skeptischen Besuchern abgebaut wird, sei in Frage gestellt.

Besucherzentrum mit Museonder – Nationalpark Hoge Veluwe

Das SIZ Hoge Veluwe besteht aus zwei Komponenten: dem unterirdischen Teil – das Museonder – und einem oberirdischen Ausstellungsbereich – das Besucherzentrum. Das gesamte SIZ liegt mitten im Schutzgebiet und ist von Wald, Heide und Dünenflächen umgeben. Der Vorplatz steht im deutlichen Kontrast zur Umgebung. Er ist geschottert, die Bäume stehen in streng geordnetem Raster. Die Gestaltung des Platzes lehnt sich an die Natur an, setzt aber trotzdem einen Kontrapunkt zu dieser. Diese Grundidee zieht sich als Leitfaden durch die Gestaltung des SIZs, was sowohl bei der Architektur als auch bei der Inszenierung deutlich wird.

Der Grundriss des neueren oberirdischen Teils des Besucherzentrums, das z.T. über dem Museonder steht, hat die Form eines Blatts. Die Gestaltung entstand aus der Idee, ein „Dach im Wald" zu bauen.

Die Gliederung der gesamten Ausstellung ergibt sich aus dem Leitgedanken, den dreidimensionalen Querschnitt der Landschaft zu zeigen. Die Erdoberfläche wird im Besucherzentrum thematisiert. Die verschiedenen Lebensräume des Schutzgebietes sind in vier Bereiche eingeteilt: Landwirtschaftliche Nutzfläche, Heide, Dünen und Wald. Jedem Ökosystem ist ein gleich großer Abschnitt gewidmet. Die Bereiche sind kammerartig voneinander getrennt, im Überblick bilden sie aber trotzdem eine Einheit. Jeder Abschnitt kann im Rundgang oder von außen betreten werden. Alle Kammern haben sowohl Elemente zur Information als auch zur interaktiven Sensibilisierung. Die Themenboxen sind durch große Fensterfronten von der Umgebung abgetrennt. In einem kleineren konzentrischen Kreis, inmitten des Besucherzentrums, wird die Geschichte des Schutzgebiets samt seiner Infrastruktur präsentiert.

Nach der Kammer zum Thema Wald führt ein schmaler, dämmriger, 21 Meter langer Tunnel hinab zum sogenannten „Museonder," welches in Abbildung 2 zu sehen ist. Es ist dem Themenkomplex „Boden" gewidmet ist. Zunächst wird der „belebte Boden" behandelt. Mittels verschiedener Installationen und Medien wird versucht, zuerst zu begeistern, zum Nachdenken und Entdecken anzuregen und erst dann zu informieren. Die gleiche methodisch-didaktische Vorgehensweise wird bei den folgenden Themen „Gestein" und „Wasser" angewandt. Die Besucher können die Inhalte erfahren, indem sie immer tiefer in die Ausstellung hinabgehen. Am tiefsten Punkt – im 2. Untergeschoss, ca. 7 Meter unter der Erdoberfläche – wird das Thema „Wasser" behandelt. Das Ende der abgeschlossenen Inszenierung bildet ein Blick durch einen brunnenähnlichen Schacht auf den inszenierten Erdmantel. Der Schacht befindet sich auf einer sich bewegenden, begehbaren Scheibe, was die Inszenierung spannend gestaltet.

Abbildung 3: Teilüberblick über die Ausstellung des Museonders

Foto: Diepolder, Küblböck 2000

Die Gestaltung des gesamten SIZs und speziell des Museonders untermalt die Inszenierung. Sie wirkt sachlich und modern, durch die aufwendigen Materialien dennoch edel und hebt sich eindringlich von der realen Natur bzw. natürlichen Exponaten ab.

Ein immer wiederkehrendes Stilmittel im Rahmen der Ausstellung sind Schnittstellen zwischen inszeniertem Innenraum und realer Natur. Sie eignen sich gut dazu, die Präsentation der Inhalte lebendig zu gestalten, deutliche Bezüge zur Umwelt des Schutzgebiets herzustellen, aber trotzdem den Unterschied zwischen Inszenierung und Realität zu verdeutlichen:

- Im oberirdischen Besucherzentrum wurde der vorhandene Baumbestand ins Gebäude integriert. Das Gebäude und v.a. das Dach wurden aufwändig um die Bäume herumgebaut.
- Durch kleine Sanddünen, die sowohl vor als auch hinter den Scheiben zu sehen sind, oder Baumstämme, die durch die Fenster reichen, sind die Übergänge zwischen Themenboxen und Außenraum fließend.
- Im Museonder ist das riesige Feinwurzelsystem einer Buche von unten zu sehen (Abbildung 3), verschiedene Bodenprofile und Gesteine sind an der Wand dargestellt.

Blumberger Mühle

Die Idee eines hohlen Baumstumpfes führte zur Architektur der Blumberger Mühle. Der Besucher betritt das Innere dieses Baumstumpfes – seine hohle Mitte. Von hier aus erschließt er sich Informationen zur Natur des Biosphärenreservats. *„Die Orientierung der öffentlichen Räume auf den Innenhof heißt Konzentration, heißt Leben und Lernen in der Abgeschiedenheit. Die aus dem Leitbild des Baumstumpfes gewonnene freie Form der Grundrissgestaltung gibt jedem Bereich seine eigene Individualität und lässt eine lebendige Folge von Räumen entstehen, die ihre Analogien und Gemeinsamkeiten aus der Einheitlichkeit der Gesamtkomposition beziehen, aus der Einheit in der Vielfalt, dem Gestaltungsprinzip der Natur"*, so der Architekt Bernd Kühn (Begleitbroschüre Blumberger Mühle, 1997). Lediglich vom Café aus hat der Besucher gute Ausblicke auf die Landschaft der Uckermark.

Die Architektur stellt eine gelungene Mischung aus futuristischer Form und hohem Wiedererkennungswert in Bezug auf die Natur dar. Da die Blumberger Mühle fernab von anderen Gebäuden liegt und erst unmittelbar davor eingesehen werden kann, überrascht die außergewöhnliche Form. Die Architektur unterstreicht die Gestaltung der Ausstellung, die zwar Natur inszeniert aber nicht simuliert. Trotz der Konzentration auf „das Innere" gibt es interessante Bezugspunkte zwischen Innen und Außen, so z.B. ein Aquarium, das Bestandteil eines Fensters ist.

Vorbildlich ist die Baubiologie der Blumberger Mühle. Die Materialien Sandstein, Holz und Glas stammen aus der Region und erfüllen hohe ökologische Ansprüche. Zur Isolation dient ein Grasdach, die Energieversorgung läuft u.a. über Solaranlagen und

Erdwärmenutzung. In der Blumberger Mühle sind die Elemente frei in zwei Ausstellungssälen und auf einer balkonartigen Galerie installiert, wie Abbildung 4 zeigt. Die Leitmotive des Hauptausstellungsraums sind die Komplexe „Boden" und „Wasser". Diese finden ihren Ausdruck in der Gestaltung des Raums: Gegenüber dem Eingang befindet sich eine Wand, die die Untereinheit Moor abtrennt und sich nahezu über die gesamte Raumhöhe bis zur Galerie erstreckt. Diese Wand ist mit Bodenhorizonten bemalt, die als solches nur von Fachleuten wahrgenommen werden. Im freien Raum hängen bzw. stehen drei silbrig-glänzende Splitterteile eines Wassertropfens, die zusammen mit den Bodenhorizonten den Innenraum prägen. Die beiden Leitmotive „Wasser" und „Boden" als solche sind aber nur für Eingeweihte ersichtlich. Die Rauminszenierung stellt somit den Bezug zur Landschaft des Biosphärenreservats Schorfheide Chorin her, auch wenn sie sehr dezent im Hintergrund bleibt. Die Blumberger Mühle hat große Fensterfronten, welche den gesamten Bereich mit Tageslicht füllen.

Abbildung 4: Teilüberblick über die Ausstellung der Blumberger Mühle

Foto: Diepolder, Küblböck 2000

Abgedunkelt ist nur der Ausstellungsbereich zum Thema „Moor". Das gedämpfte Licht fügt sich gut in die Gesamtinszenierung der Untereinheit. Um den Mooreindruck zu verstärken, sind die Böden z.T. mit Luftpolster unterlegt, die den Eindruck des „im Moor Stapfens" erwecken. Dazu spielen Lautsprecher passende Geräusche ein. Wände und Decken sind mit braunen Fasern überzogen, wodurch die Moor-Atmosphäre untermalt wird.

Auf der Galerie stehen zwei PC-Installationen nebeneinander, die in einem gestalteten Rahmen eingebettet sind. Das „Regionalpoly" besteht aus einem Computermonitor, der in ein Blockbild integriert ist. Die Installation gibt Impulse wie Windstöße an die Besucher weiter, die das Spiel untermalen. Auch im Blockbild werden Entscheidungen des Spiels durch animierte Holzfiguren verdeutlicht, die sich entsprechend verändern. Diese Inszenierung geht am Spieler vorbei, da sich dieser im Regelfall auf den Bildschirm konzentriert. Computer mit Informationen für Kinder verbergen sich unter „Wissenseiern". Diese Hauben öffnen sich auf den Impuls einer Lichtschranke und setzen die sich darunter befindlichen Computer gut in Szene. Als originelle Sitzgelegenheit dienen geflochtene Weidenäste, die in Form eines Adlerhorstes gestaltet sind.

Die Sonderausstellung „Forstwirtschaft" im Nebenraum besteht v.a. aus Plakatwänden, die durch kleine Elemente, wie eine Kettensäge und ein Brettspiel, aufgelockert sind. Ein Bezug zur „Direkt-Übertragung" besteht nicht.[37]

Hans-Eisenmann-Haus

Das Hans-Eisenmann-Haus ist harmonisch in die Landschaft eingebettet: Das Umfeld besteht aus einer vier Hektar großen parkähnlichen Anlage, die mit dem Haus eine Einheit bildet. Das Haus liegt an der Grenze zwischen Wald und Kulturlandschaft, was zur Grundidee der Ausstellung passt. Das Gebäude orientiert sich an der Bauform des regionaltypischen „Niederbayerischen Vierseithofs". Es ist aus heimischen Materialien gefertigt. Bei der Architektur dominieren Gneise und Granite, Holzkonstruktionen und große Fensterfronten. Der Innenausbau des Hauses ist sehr aufwändig: Dekoratives Holz und Sichtmauerwerk aus Granit wirken rustikal und dominant. Selbst der Boden besteht aus grob geschliffenen Granitplatten.

Die ökologischen Sünden der späten 70er Jahren sind nachgebessert worden. Die Stromheizung wurde durch eine effektive Hackschnitzelheizung ersetzt. Der Erweiterungsbau entstand in Niedrigenergiebauweise. Ins Bildungskonzept ist dies jedoch nicht integriert.

Der Eingangsbereich ist großzügig gestaltet. Große Glastüren führen in ein geräumiges Foyer, in dem eine Infotheke und ein großes Blockbild des Schutzgebiets integriert sind. In einem speziellen Rundgang können sich die Besucher nacheinander bestimmte Themen erschließen, die innerhalb in sich geschlossener Abteilungen präsentiert wer-

---

[37] Direktübertragung: Im selben Raum werden auf eine große Videoleinwand Live-Bilder aus der Natur übertragen. Die Bilder stammen von verschiedenen Kameras, die in der Umgebung des Infozentrums aufgestellt wurden, um Attraktionen, wie das Leben einer Adlerfamilie in einem Adlerhorst oder einen Blick auf den See mit verschiedenen Wasservögeln zu filmen.

den. Trotz des Rundgangs bauen die Einheiten nicht direkt aufeinander auf. Eine deutliche Story gibt es in der verschachtelten Ausstellung nicht. Die Übergange zwischen den Einheiten sind abrupt, die Reihenfolge erscheint eher zufällig, wie auch Abbildung 5 illustriert. Jedoch sind die Boxen in sich gegliedert; v.a. die Bereiche Bäume, Boden, Klima und Wachstum, Energie und Hochwald sind durch eine innere Dialektik geprägt: Pro Box ist eine Seite mit positiven und eine mit negativen Botschaften gestaltet. Eine Vermittlung dazwischen findet nicht statt. Die Raumgestaltung ist ein wichtiges Kommunikationsmedium.

Abbildung 5: Teilüberblick über die Ausstellung des Hans-Eisenmann-Hauses

Foto: Diepolder, Küblböck 2000

Das Beispiel der Klimabox soll dies verdeutlichen: Im krassen Kontrast zur dämmrigen Bodenbox steht der Bereich Klima und Wachstum, wo „positive" und „negative" Seiten gegenübergestellt sind. Die Farbe Blau dominiert. Sie ist treffend gewählt, da sie Farbe des Himmels ist und zugleich kühl wirkt. Eine leicht geöffnete Kunststoffkuppel dient als Überdachung, die die Bedrohung des Klimas symbolisiert. Der Boden ist mit einer Weltkarte belegt. Durch ein schmales Fenster sind zwei junge Bäume zu sehen, deren Wachstum über die Jahre fotografisch festgehalten wurde und über einen Film in der Ausstellung präsentiert wird. Der Besucher hat somit den unmittelbaren Bezug zwischen dem Monitor und den „Protagonisten". Der Innen-Außen-Bezug untermalt die Ambivalenz zwischen Wachstum und Klimaveränderung. Die Vermittlung von Inhalten kann das Niveau der guten Inszenierung nicht halten (siehe Kapitel 4.3).

Dem Tourismusbereich ist eine abgetrennte Box vorgelagert, die Stress eindrucksvoll vor Augen führt. Die Box ist dunkel, dazu kommen Blinklichter, Ampelschaltungen, Verkehrslärm und Telefonläuten. Auf einem Monitor werden „stop&go-Verkehrsaufnahmen" eingespielt. Diese Box weckt den Wunsch, aus der Hektik des Alltags zu fliehen und Urlaub zu machen und führt somit eindrucksvoll auf die Tourismusausstellung hin. Leider ist diese Stressbox ein Störfaktor für die gesamte Ausstellung, da ihr Lärm weithin hörbar ist. Gerade die benachbarte Energiebox, die viel Ruhe erfordert, leidet darunter. Im Tourismusbereich sind aussagekräftige Einzelelemente, wie Produkte, die aus bedrohten Tieren gemacht wurden, aneinandergereiht. Auch die Fortsetzung der Tourismusausstellung im ersten Stock ist anschaulich dargestellt. Ein nachgebauter Bergbach vermittelt Ruhe und Idylle und steht im Gegensatz zu den restlichen Darstellungen, die die Zerstörungen durch Tourismus anprangern. Nach den Negativszenarien folgt ein abgetrennter Abschnitt zur Ruhe und Entspannung. Die Wände sind mit Bildtapeten beklebt, die den Wald aus unterschiedlichen Blickwinkeln zeigen. Musikalisch wird der Bereich durch „Die Moldau" von Smetana untermalt. Obwohl die Inszenierungen deutlich, kontrastreich und spannend sind, ist deren Aussagekraft mehr als fraglich. Trotz aller Vorbehalte gegenüber den vermittelten Botschaften schafft es der Ausstellungsbereich Tourismus ohne viel Text, ein Thema plakativ in Szene zu setzen. Die letzte Kammer jedoch zeigt, dass Inszenierung von Natur etwas Angenehmes sein kann, was nach Interpretation des Autors Probleme aufwirft. Im Anschluss an die eindringliche Botschaft: „Tourismus schadet!" demonstriert der letzte Teil, dass „Naturerlebnisse" aus zweiter Hand möglich sind. Soll der nächste Urlaub nicht mehr in der realen Welt stattfinden; sondern lieber dort, wo Natur inszeniert wird, was ja auch möglich ist, wie die Ausstellung zeigt?

Der letzte und erst jüngst eingerichtete Abschnitt „Der alte Wald geht vom Berg" reduziert sich auf wenig aussagekräftige Plakatwände. Neben dem völlig missglückten Aspekt Umweltbildung (siehe Kapitel 4.3) kann auch von ansprechender Inszenierung keine Rede sein. Dieser Abschnitt besteht lediglich aus Plakatwänden.

Der Erlebnisraum für Kinder, der nicht im Rundgang integriert ist, ist neu gestaltet. Nach Aussagen der Hausleitung wird hier genau das umgesetzt, wofür der eigene Tourismusbereich ein Negativbeispiel darstellt: Inszenierung im SIZ darf die Entfremdung zwischen Natur und Mensch nicht fördern. Gerade Kindern muss klar gemacht werden, dass Natur nicht ins Haus geholt werden kann. Im Raum dominieren die Farben Blau und Rot, die im deutlichen Gegensatz zur Natur des Schutzgebiets stehen. Elemente, wie nachempfundene Bäume, sind sehr entfremdet. Die gesamte Gestaltung ist nüchtern, fast kühl. Natürliche Exponate zum Anfassen, wie ausgestopfte Tiere, heben sich deutlich von der Raumgestaltung ab (siehe Abbildung 12). Kinder können den Blick aufs Wesentliche richten. Trotz der kühl wirkenden Gestaltung wird der Raum gut von Kindern angenommen. Er ist somit eine gelungene Umsetzung dessen, was Umweltbildung fordert.

Haus-des-Waldes

Trotz der abgeschiedenen Lage im Wald befindet sich das Haus-des-Waldes in einem beliebten Naherholungsgebiet in unmittelbarer Nachbarschaft zum Stuttgarter Verdichtungsraum. Seine Architektur lässt sich als „Vitrine im Wald" beschreiben. Große Fensterfronten werden auf drei Seiten nur durch Holzbalken unterbrochen. Dennoch herrscht ein ausgeprägtes Attraktivitätsgefälle zwischen der Ausstellung und den Außenanlagen. Neben dem schwer zu findenden Standort und der unzureichend gestalteten Zufahrt wird der Vorplatz von Gebäuden dominiert, die z.T. unansehnlich sind. Die Vorderfront des Haus-des-Waldes ist schmucklos und nicht als Erlebniswelt zu erkennen.

Viel Wert wurde auf eine ökologische Bauweise gelegt. Der nachwachsende Baustoff Holz stammt aus der Umgebung, die passive Solarenergienutzung unterstützt den geringen Energiebedarf der Niedrig-Energie-Bauweise. Das gewonnene Regenwasser speist den Teich und das Handwaschbecken.

Das Haus-des-Waldes besteht aus einer großen Ausstellungshalle, in der sich einzelne Installationen befinden. Der Rundgang ist nicht auffällig vorgegeben, er entsteht jedoch durch die Anordnung der Einzelelemente. Die Abfolge dieser Elemente ist methodisch-didaktisch bedingt. Die Gliederung und der damit verbundene Zusammenhang ergeben sich aus einer Sequenz verschiedener Elemente:

1. Sensibilisierung: Es werden unterschiedliche Sinne angesprochen. Als Zugang zum Thema Wald/Baum dienen auch Märchen; direkte sachliche Informationen werden hier nicht vermittelt.
2. Information über Erlebnis: Besucher können selber Hand anlegen, z.B. Klappen öffnen. Dabei wechselt der Schwierigkeitsgrad der Informationen. Konzentrierte Gäste pendeln zwischen Spannungsphasen, die viel Aufnahmevermögen fordern, und Entspannungsphasen, die zum Entdecken und Nachdenken anregen.

Der Ausstellung steht der reale Wald inklusive Tageszeit und Wettergeschehen gegenüber. Aufgrund der transparenten Architektur wird der Wald als lebendiges Exponat in die Inszenierung integriert (Abbildung 6). Auf dem Dach des Vorführraumes sind Spiegel in Wolkenform angebracht, in denen sich der umgebende Wald, Sonne und Wolken spiegeln können. Durch den direkten Einbezug des „Originalobjekts" ist die Trennung zwischen „real" und „inszeniert" durch „innen" und „außen" allgegenwärtig.

Die Elemente der Erlebniswelt sind an die Realität angelehnt aber trotzdem auffällig verfremdet, wie ein Baum, dessen Stamm natürlich ist, dessen Krone jedoch aus einem Drahtgeflecht besteht. Als geschlossene, räumliche Einheit abgetrennt ist nur die „Försterstube". Durch kleine Details wie Hausschuhe, Telefon und Kaffeetassen wirkt diese sehr alltagsnah und lebendig. Der Beruf Förster wird dadurch etwas seiner Klischees enthoben.

Abbildung 6: Teilüberblick über die Ausstellung des Haus-des-Waldes

Foto: Diepolder, Küblböck 2000

Durch ein großes Diorama führt ein Gang, der eine Höhle darstellt, die im Kontrast zur hellen Halle steht. Darin findet der Besucher Lebewesen im Boden, die anschaulich präsentiert werden.

Multimar Wattforum

Durch den exponierten Standort ist das Multimar Wattforum weithin sichtbar. Als eines der wenigen untersuchten Zentren kann das SIZ des Nationalparks Schleswig-Holsteinisches Wattenmeer durch seine Außengestaltung Besucher anlocken, z.B. von der nahegelegenen Bundesstraße B5. Diese wird von vielen Urlaubern der Nationalpark-Region auf ihrer Reise von Hamburg Richtung Nordsee genutzt. Somit kommen sie direkt am Besucherzentrum vorbei. Der Parkplatz zum Zentrum liegt neben der Bundesstraße. Durch die auffällige futuristische Bauweise, die in Abbildung 7 zu sehen ist, nimmt das Multimar Wattforum diese Chance wahr, auf sich aufmerksam zu machen. Die Dachkonstruktion erinnert an ein großes Segel. Außergewöhnlich ist der Zugang zum SIZ: Nur über den historischen Eiderdeich können Besucher das Infozentrum erreichen. Vom Deich führt eine Brücke direkt in den Eingangsbereich. Geldmangel hingegen war der Grund für die fehlende Gestaltung der rund 10 ha großen Außenanlagen. Momentan wird das Gelände als Schafweide genutzt.

Abbildung 7: Außenansicht des Multimar Wattforums

Foto: Diepolder, Küblböck 2000

Die Kernaussage der Ausstellung wird auch durch die Architektur umgesetzt. Das Multimar Wattforum will seinen Besuchern nach Angaben des Gesprächspartners den Komplex Forschung vor Augen führen. Das Gebäude ist eine große Glaskonstruktion, dadurch hat der Besucher sogar Einblick in die Büroräume, wo Forschung praktiziert und nicht nur inszeniert wird. Die Eingangshalle, die sich über den gesamten ersten

Stock zieht, ist lichtdurchflutet und lässt weite Blicke auf das Deichvorland zu. Durch die Einblicksmöglichkeiten im Eingangsbereich weckt die Erlebniswelt Neugierde.

Keinen Einblick erhält der Besucher in die ökologische Bauweise. Das verwendete Baumaterial erfüllt jedoch hohe ökologische Standards. Die Toiletten werden mir Grauwasser gespeist, bei der Aquarienkühlung wird auf Wärmerückgewinnung geachtet.

Die Ausstellung befindet sich im unteren Stockwerk. Das Innenraumdesign wirkt kühl und nüchtern und bildet einen Gegenpol zur Umwelt des Umlands und gleichzeitig zur Darstellung von Natur. Nachbildungen aus der Natur, wie ein großes Diorama, die Darstellung der Lebensräume durch Aquarien und Terrarien oder überlebensgroße Watttierchen an der Decke, stehen im Kontrast zur Architektur und zur Innenraumgestaltung.

Die Systematisierung der Ausstellung ist nicht sofort ersichtlich, aber trotzdem sehr gut konzipiert. Die Stützpfeiler der Inszenierung und der Wissensvermittlung bilden sogenannte „Themenbücher". Sie bieten Informationen und interaktive Elemente zu verschiedenen Themen rund um das Wattenmeer. Passend zu den jeweiligen Einzelthemen der Themenbücher stehen ergänzende Installationen im Raum. Lässt sich der Besucher auf das Angebot ein, wird er immer weiter informiert, sensibilisiert und an das Hauptmotiv herangeführt: „Die Notwendigkeit von Monitoring". Dieses übergeordnete Hauptmotiv wird im letzten Themenbuch und in einem eigenen Forschungsraum explizit erklärt. Diese „Story" ist intelligent konzipiert, kommt jedoch nicht sehr deutlich zum Ausdruck. Besucher, die eher Einzelelemente ausprobieren wollen und weniger über das Gesamtkonzept reflektieren, werden den roten Faden kaum entdecken, was aber auch nicht unbedingt notwendig ist. Die Einzelelemente sind auch ohne Story sehr aussagekräftig.

Bezüge zwischen Innen- und Außenraum gibt es in einigen Bereichen der Ausstellung: vom Forschungsraum, dem Kinderspielraum und v.a. von einem Sofa aus, das an einem zentralen Platz positioniert ist und den Besucher zum Betrachten der Umgebung einlädt. Zu erleben ist ein Ausblick über das Deichvorland bis hin zur Eider. Die Grenzen zwischen Natur und Inszenierung sind scharf gezogen.

Museum am Schölerberg

Das Museum am Schölerberg liegt am Stadtrand und somit am Übergang zwischen der Großstadt Osnabrück und der Kulturlandschaft des Umlandes, was das Gesamtkonzept und die Grundaussagen des Hauses gut untermalt. Der Vorplatz ist großzügig angelegt und führt auf das Gebäude zu. Biotop-Gartenanlagen mit kleinen Teichen umgeben das Haus im direkten Umfeld.

Die Architektur des Museum erinnert an eine moderne Kirche. Verantwortlich dafür ist der wuchtige Backsteinbau und der kleine Turm in der Mitte des Gebäudes. Dieser läuft spiralförmig nach oben zu und simuliert einen Ammoniten. Der Eingangsbereich ist groß und liegt unter dem mit Fenstern besetzten Turm. Darin sind der Infocounter des Museums und eine Zweigstelle der örtlichen Tourist-Information untergebracht. Highlights der Ausstellung, Seeufer und Hochmoor, befinden sich ebenfalls in der lichtdurchfluteten Halle. Die weitere Ausstellung orientiert sich nicht an der Architektur. Hierbei handelt es sich um eine Blackbox, die Raum für Inhalte und deren Inszenierung lässt. Der Kontakt zum Umfeld ergibt sich nur an einer Stelle im Bereich Kulturlandschaft zum Thema Bienen.

Die Baubiologie des Hauses ist kein Thema der Ausstellung, obwohl die Energieversorgung u.a. über Fernwärmenutzung und Photovoltaikanlagen läuft. Gerade der Bereich Kulturlandschaft wäre zur Integration dieses Themas gut geeignet, da die Ausstellung an dieser Stelle zu ökologischen Innovationen aufruft.

Im Museum am Schölerberg gibt es zwei Möglichkeiten, in die Themenabschnitte zu gelangen. Die eine besteht darin, einem Rundgang zu folgen, der nacheinander durch die Themenkomplexe führt; als zweite Möglichkeit können die Besucher von der Haupthalle aus die verschiedenen Einheiten durch separate Türen betreten. Diese Halle besteht aus Einzelinstallationen oder Untereinheiten. Sie enthalten eine eigene fachliche Aussage oder sensibilisieren für die spezielle Thematik. Die Themenblöcke bauen jedoch nicht aufeinander auf, da kein fester Rundweg vorgegeben ist. Einen bewusst gestalteten Spannungsbogen oder gar eine Story gibt es nicht. Dies liegt auch in der Philosophie der Museumsleitung: Die Besucher sollen, gemäß dem Prinzip des „Self-Directed-Learnings", nach Interesse von einem Element zum nächsten gehen. Auch die Untereinheiten sind nicht an einem roten Faden ausgerichtet. Sie bestehen aus zusammengehörigen Elementgruppen oder bilden z.T. kleine Gegenüberstellungen, die verschiedene Aspekte aufzeigen.

Gelungene Ansätze von Inszenierung gibt es dennoch. Im Abschnitt „Kulturlandschaft" ist ein nachgebauter Bauernhof integriert, der gut die biologische Vielfalt kleinbäuerlicher Betriebe zeigt. Kernstück des Bereichs Stadtökologie sind nachgebaute

Elemente aus der Osnabrücker Innenstadt, die hohe Wiedererkennungseffekte hervorrufen. Sie zeigen anschaulich ökologische Nischen der Großstadt, ohne auf Texte zurückgreifen zu müssen.

Im Museum am Schölerberg besteht ein deutlicher Unterschied zwischen dem mit Tageslicht durchfluteten Eingangsbereich und den z.T. sehr dunklen Ausstellungskammern. Darin werden Spotlights bewusst eingesetzt, um ausgewählte Exponate in Szene zu setzen. Die schwarzen Decken und Wände verstärken den dunklen, z.T. düsteren Eindruck. Besonders „eindrucksvoll" ist dies im Waldbereich der Fall. Ausgestellte abgenadelte Stämme von Fichtenmonokulturen, mit dem Banner „Teutoburger Baumfriedhof", vermitteln eine morbide Atmosphäre, die den ganzen Bereich prägt. Die Inszenierung ist zwar deutlich, jedoch steht sie im Gegensatz zu einer freundlichen, lebensfrohen Atmosphäre, die sowohl zum Instrumentarium von Umweltbildung als auch von Erlebniswelten gehört.

Die Bereiche „Hochmoor" und „Stehendes Gewässer" dagegen erhalten viel Tageslicht. Ein kleiner lebender Komplex eines Hochmoors befindet sich in einer Art Gewächshaus, direkt unter der Glaskuppel des Zentrums. Vor dem Museum wurde ein See angelegt, dessen Wasser und Ufer – ein wesentliches Kernstück der Ausstellung – in das Museum hineinreichen. Äußeres Umfeld und Ausstellung verschmelzen und sind lediglich durch eine Glasscheibe voneinander getrennt. Die attraktive Gestaltung setzt den Bereich gut in Szene. Trotz der lebensnahen Inszenierung zeigt sich der Kontrast zwischen „real" und „inszeniert".

Naturparkzentrum Botrange

Das Naturparkzentrum fügt sich aufgrund seiner Bauweise und der Materialwahl unauffällig in die Landschaft ein. Der Hauptgebäudeteil besteht aus wuchtigem Natursteinmauerwerk, der „Anbau" ist ein Erdwall, der nach außen hin als Böschung in den Garten integriert ist.

Der Eingangsbereich ist hell und großzügig gestaltet. Mittelpunkt des Foyers ist ein großer offener Kamin mit auffälliger Abzugshaube. Durch die massiven Trägerbalken, den Holzausbau, den zahlreichen Sitzgelegenheiten und den Kamin wirkt der Eingangsbereich rustikal gemütlich, wie Abbildung 8 zeigt.

Abbildung 8: Foyer des Naturparkzentrums Botrange

Foto: Diepolder, Küblböck 2000

Der Ausstellungsbereich besteht aus zwei Hauptbereichen. Der definierte Rundgang führt zuerst durch den tunnelartigen ersten Abschnitt in die Halle mit dem zweiten Themenkomplex. Ziel der Ausstellung ist es, die Landschaftsgenese der Region darzustellen. An diesem roten Faden orientiert sich die gesamte Präsentation, die somit eine abgeschlossene Geschichte erzählt. Der Einstieg zum Thema „Region Botrange in der Erdgeschichte" befindet sich unter der Erde in einem tunnelartigen, schmalen, langen Raum. Der Eingang zur Ausstellung wirkt, durch das gedämpfte Licht und die akustische Untermalung, vielversprechend. Eine Holzrampe führt schräg bergab ins Dunkle. Die Wände sind mit Kreidezeichnungen versehen. Das Ziel, Neugierde zu wecken, kann der Einstieg schaffen. Der schmale Tunnel besteht aus einer Aneinanderreihung von sechs Kammern, die einzelne Epochen der Erdgeschichte darstellen. Die einzelnen „Zeitkammern" sind identisch aufgebaut. Die Beleuchtung des unterirdisch angelegten Zeittunnels im Naturparkzentrum Botrange ist dämmrig; punktuell erleuchten Spotlights die Szenerie. Jeder Zeitabschnitt wird mit unterschiedlichen, „mystischen" Tönen untermalt. Nach Angaben des Gesprächspartners wurde versucht, die Lautmalereien ebenso auf das Erdzeitalter abzustimmen wie die Beleuchtung (Wüste – sehr hell, Tropische Vegetation – dämmrig). Die Unterschiede sind jedoch, wenn überhaupt, nur für die Besucher wahrnehmbar, die sich viel Zeit lassen, was die Inszenierung etwas monoton erscheinen lässt.

Lediglich das Erdzeitalter des Pleistozäns weist ein anderes Design auf, was den Übergang zur Gegenwart verdeutlicht. Der Besucher kommt aus dem Tunnel heraus ans Tageslicht. Um die Umgestaltung der Landschaft durch diese Periode zu verdeutlichen, ist in einem Beet eine Frostschuttdecke nachempfunden. Mangels Erklärung dürfte diese nur von Fachleuten wahrgenommen werden. Der zweite Bereich, die „Regionale Landschaftsentwicklung und Landschaftsökologie", besteht aus einem großen labyrinthartig aufgebauten Ausstellungsblock, an dem verschiedene Themen über Plakatwände präsentiert werden. Leider ist die Orientierung in diesem Ausstellungsteil z.T. etwas verwirrend, worunter die Logik der Geschichte leidet. Das Licht in der Ausstellung stammt von Deckenleuchten und von Plakatwänden, welche von hinten beleuchtet sind. Die Darstellungsform wirkt monoton und hat kaum das Potenzial, positive Emotionen zu wecken.

4.3 Vermittlung von Umweltwissen und Einstellungen

Das folgende Kapitel stellt die jeweiligen Umsetzungen des Aspekts Umweltbildung dar. Die folgenden Beschreibungen und Interpretationen beziehen sich v.a. auf die Kernausstellung der Zentren. Diejenigen Sonderausstellungen, die fest in das Konzept der Ausstellung integriert waren, sind in die Untersuchung mit aufgenommen worden, wohingegen Plakatwandausstellungen in den Foyers oder Flurbereichen, wenn überhaupt, nur kurz tangiert werden. Personenbetreute Veranstaltungen im oder um das Zentrum waren ebenfalls nicht Teil der Untersuchung.

Gemäß dem Selbstverständnis der Umweltbildung (vgl. Kapitel 3.2.2) unterteilt der Autor im Folgekapitel nach Wissens- und Einstellungsvermittlung. Umweltrelevantes Verhalten kann kaum von kurzzeitigen Bildungsmaßnahmen verändert werden (vgl. Kapitel 3.2.4.3). Daher ist diesem Aspekt kein Unterpunkt gewidmet. Nennenswerte Ansatzpunkt werden im Unterpunkt Einstellungen dargestellt.

Die jeweiligen Unterpunkte „Wissen" stellen sowohl dar, welche Themen die untersuchten Zentren behandeln, als auch die Art und Weise, wie die Präsentation stattfindet. Die Interpretation dieser Vermittlung geschieht unter Einbeziehung der theoretischen Kriterien.

Als Mediatoren zwischen Raum und Gesellschaft wollen SIZen ihre Besucher an das Schutzgebiet heranführen. Die Notwendigkeit, dabei Emotionen zu wecken, ist eine Kernaussage der vorliegenden Arbeit. Unter Einstellungsvermittlung versteht der Autor die Eignung der untersuchten Zentren, diese gefühlsbetonte Ansprache zu gewährleisten. Dabei geht es nicht um die Läuterung der Besucher zu perfekten Umweltschützern, sondern um Vermitteln von Faszination für die Natur mit ihren Abläufen.

Die Vermittlung von Wissen und Einstellungen steht in engem Zusammenhang zum Punkt Inszenierung bzw. überlappt sich z.T. mit diesem, worauf in manchen Unterpunkten Bezug genommen wird.

Ars-Electronica-Center (AEC)

Wissen: Die dargestellten Kommunikationsmedien transportieren kaum weiterführende Botschaften, sondern dienen als Selbstzweck. Demnach gibt es auch am PC keine abgestufte Informationsvermittlung. Die Erläuterungen an den Einzelelementen enthalten häufig englische Begriffe und sind somit nicht für alle Besuchergruppen leicht verständlich. Das eigentliche Medium zwischen dem Umgang mit Computern und den Besuchern sind Mitarbeiter des Hauses. Diese „Infotrainer" sprechen Besucher direkt an, erklären den Sinn der Installationen, erläutern Einsatzmöglichkeiten und können somit potenzielle Schwellenängste abbauen. Sie können Zielgruppen spezifisch ansprechen und, je nach Interesse der Adressaten, unterschiedlich intensiv Informationen weitergeben bzw. mit Besuchern diskutieren. Die Einzelelemente zeigen Möglichkeiten auf, Computertechnologie einzusetzen. Alltagsbezüge gibt es nur ansatzweise, beispielsweise im „Telegarten", ein Garten, der von Robotern gepflegt wird. Fast alle Medien sind interaktiv.

Abbildung 9: Der „Humphrey" im Ars-Electronica-Center

Foto: Diepolder, Küblböck 2000

Einstellungen: Das eigentliche Ziel des AEC ist es, Faszination und Akzeptanz und somit positive Einstellungen für neue Medien zu erzeugen. Die Installationen ermöglichen herausragende Erlebnisse. Der „Cave" oder „Humphrey" (Abbildung 9) sind Ausflüge in virtuelle Realitäten. Geübte Nutzer können sich am Rand ihres Leistungsvermögens bewegen, womit die Basis für Flow-Erlebnisse gegeben ist.

Durch die „Infotrainer" ist eine optimale Zielgruppenorientierung möglich, da diese auf den individuellen Besucher eingehen können. Das AEC eignet sich als Corporate Land für die gesamte Computerszene. Als Museum mit Bildungsauftrag kommt jedoch die Selbstkritik zu kurz. Negative Aspekte, wie die mögliche Vereinsamung der Nutzer und potenzieller Missbrauch der Technologie zur Manipulation von Informationen, Verletzung von Datenschutz, Spionage, Überwachung oder Kriegsführung fehlen im AEC. Nach Angaben der Hausleitung war jedoch dem Thema „Infowar" bereits ein Element gewidmet. Wichtigste Aufgabe des Ars-Electronica-Center ist es, so die Interviewpartnerin, den Besuchern ein positives Erlebnis zu vermitteln. An zweiter Stelle steht die Akzeptanzförderung neuer Medien. Diese Ziele kann die Erlebniswelt durchaus erreichen, auch wenn beim Punkt Akzeptanzförderung Abstriche zu machen sind (vgl. Kapitel Zielgruppenorientierung).

Besucherzentrum mit Museonder – Nationalpark Hoge Veluwe

Wissen: Im Besucherzentrum mit Museonder sind Umweltbildung und Inszenierung eng verzahnt. Daher schließt das folgende Kapitel an die Darstellungen aus Kapitel 4.2 an, da die Inszenierung eines der wichtigsten Kommunikationsmedien der Umweltbildung ist.

Die Gesamtausstellung zielt stark auf das Verständnis der Hauptbotschaft ab: Die Landschaft ist dreidimensional aufgebaut. Ein Kernstück der Wissensvermittlung ist die Raumgestaltung, die Inhalte erfahrbar macht. Detailliertere Informationen sind anschaulich dargestellt und somit gut verständlich. Dies gilt sowohl für die Themenboxen des Besucherzentrums als auch für das Museonder. Durch versteckte Lautsprecher, verständliche Texttafeln, anschauliche Dioramen und zahlreiche interaktive Elemente spricht die Ausstellung viele Sinne an. Trotz des vorgegebenen Rundgangs laden viele kleine Details zum Erkunden ein. Versteckte Gucklöcher im Boden des Museonders beherbergen Überraschungen, wie kleine Dioramen, die ausgestopfte Tiere in Aktion zeigen. „Fernrohre", die in der Untereinheit „Belebter Boden" installiert sind, ermöglichen Blicke auf kleine Monitore. Diese zeigen Aufnahmen von Tieren, die im Boden leben. Die verwendeten Texte sind knapp und gut verständlich. Die Informationsvermittlung läuft über zahlreiche Kanäle. Das unterste Geschoss informiert über Wasser im Allgemeinen und seine Bedeutung in der Region Hoge Veluwe im Besonderen. Dabei zeigt der Bereich sowohl Faszinierendes als auch Problematisches. In die aktive Wissensvermittlung sind Wasserhähne einbezogen, die hohe Wiedererkennungswerte und Alltagsbezug haben. Sie erklären unter anderem, wie das Zentrum Wasser aus der Erde zu Heizzwecken bzw. zur Kühlung nutzt. Der Blick durch ein Guckloch auf die natürliche Klimaanlage rundet das Lernen am Vorbild ab.

Praktische Impulse/Vermittlung von Umweltwissen und Einstellungen   91

Einstellungen: Umsetzungen, die Emotionen freisetzen können, zeigt v.a. das Museonder; neben der Gesamtinszenierung eignen sich dazu auch gelungene Einzelelemente. Beispielsweise befindet sich rechts vom Eingang des Museonders eine rasterförmig aufgeteilte Wand, die an die Grabkammern eines Urnenfriedhofs erinnert. Dieser Eindruck wird durch das daneben angebrachte Goethe-Zitat bestätigt: *„Alles was entsteht, ist wert, daß es zugrunde geht."* In den einzelnen Kammern befindet sich Verschiedenes: Tierschädel, Nahaufnahmen von Mikroorganismen. Das Kernstück bilden kleine Bodendioramen mit fünf Entwicklungsstadien einer keimenden Eichel. Ummittelbar darunter befinden sich drei herausziehbare Schubladen mit einer Marmorverkleidung. Zieht der Besucher diese heraus, sieht er verschiedene Verwesungsstufen eines Hasen. Die Schubladen sind wie ein Grab mit einer kurzen Inschrift versehen: Ohne weiteren Text oder veranschaulichenden Diagrammen erfährt der Besucher den natürlichen Kreislauf von „Werden und Vergehen". Der untere Bereich des Museonders verfügt über Potenzial, umweltfreundliches Verhalten zu fördern. Er führt Wasser als etwas Kostbares vor Augen und weist auf dessen Gefährdung in den industrialisierten Niederlanden hin. Ohne mit dem erhobenen Zeigefinger zu drohen, liegt der sensible Umgang mit Wasser auf der Hand. Durch die Wasserhähne schließt der Abschnitt an die Lebenswelt der Adressaten an.

Blumberger Mühle

Wissen: Die dargestellten Inhalte beschränken sich auf Landschaftselemente der Uckermark. Die Leitmotive des Hauptausstellungsraums sind die Komplexe „Boden" und „Wasser". Weder die Schutzphilosophie eines Biosphärenreservats noch übergeordnete Zusammenhänge natürlicher bzw. anthropogen gestörter Vorgänge sind deutlich erkennbare Gegenstände der Ausstellung. Umweltprobleme werden lediglich an zwei Stellen kurz tangiert. Erklärungen oder Einbettungen im Kontext fehlen dabei. Es gibt weder eine direkte Hauptaussage, noch sind die Informationen hierarchisch geordnet. Die Dichte an Informationen ist sehr gering.

Gut verständlich ist die Landschaftsentwicklung des Raums in den letzten 200 Jahren, die ein Kunststoff-Baum erzählt.[38] Wesentlich komplizierter ist der Moorbereich gestaltet, der wesentlich von der Inszenierung lebt. Die Aussagen lassen sich anhand der

---

[38] Sprechender Baum: In der linken Ausstellungsecke, zwischen Fensterfront und Bodenprofil, steht ein Kunststoffbaum mit Gesicht, vor dem Sitzgelegenheiten gruppiert sind. Durch einen Bewegungsmelder, der durch Berühren der Nase des Baumes aktiviert wird, beginnt der Baum – eine sehr alte Eiche - seine Lebensgeschichte und somit die Landschaftsentwicklung der Uckermark zu erzählen. Dieses Medium spricht v.a. Kinder an, aber auch Erwachsene hören dem erzählenden Baum gerne zu. Der alte „Baummann" wirkt freundlich und erzählt Interessantes mit angenehmer Stimme. Dem Gesagten wird durch Mimik (Bewegung der Augenbrauen und des Mundes) entsprechendes Gewicht verliehen.

Exponate kaum ableiten. Erfreulicherweise fordert ein Großteil der Elemente den Einbezug des Besuchers. Diese können z.B. in einem echten Boot rudern und auf stationären Fahrrädern fahren. Bei beiden aktiven Installationen können die Besucher nur Bilder der Region sehen, die beim Fahrrad auf eine Mattscheibe projiziert werden und die beim Ruderboot über Monitore zu sehen sind; Informationsgehalt und Erlebniswert fallen eher bescheiden aus.

Informativ hingegen ist eine Konstruktion auf der Galerie, das sogenannte Regionalpoly. An einem PC kann der Gast Entscheidungen eines Bürgermeisters treffen, die sich auf Regionalentwicklung beziehen. Im Rollenspiel ist der Besucher so für eine Region verantwortlich und erhält Ökologie- und Ökonomiepunkte. Die deutliche Kernaussage: Beide Bereiche können harmonisch verbunden werden. Die Resultate der Entscheidungen sind sowohl im PC als auch im umgebenden Blockbild deutlich dargestellt (vgl. 4.2. Architektur und Inszenierung).

Anspruch der Hausleitung ist es, durch persönliche Betreuung der Besucher in der Ausstellung zielgruppenspezifische Umweltbildung zu betreiben. Chronisch personelle Unterbesetzung macht dies jedoch nicht möglich. Für den Besuch der Ausstellung ist kein oder wenig Vorwissen erforderlich. Mit Ausnahme des „Regionalpoly" tendiert die Einrichtung dazu, Interessierte klar zu unterfordern, wie auch der Interviewpartner erklärte. Nach Angaben der Leitung liegt der Sinn des Zentrums auch darin, den Aufenthalt mit Führungen im Gelände abzurunden. Die Möglichkeiten, die ein SIZ bietet, Erlebniswelt und Umweltbildungsstätte zu sein, schöpft die Blumberger Mühle zu wenig aus.

Einstellungen: Die geringe Dichte an Informationen, bzw. die nur wenig aussagekräftigen Inszenierungen dürften kaum reichen, um Einstellungen zu ändern. Die Einzelelemente sind wenig mit Emotionen besetzt. Lediglich die auffällige Architektur und die Raumgestaltung können sich eventuell positiv im Gedächtnis der Besucher verankern. Durch die Unterforderung im Ausstellungsbereich dürfte sich kein nachhaltiger Eindruck ergeben. Gute Ansätze sind lediglich durch das Regionalpoly gegeben.

Hans-Eisenmann-Haus

Nach Angaben der Interviewpartner stehen mehr als die Hälfte der Ausstellungsfläche für Wechselausstellungen zur Verfügung. Die 180 m² große Sonderausstellung „Naturschutz und Tourismus" war ursprünglich mit fünf Jahren Laufzeit vorgesehen, nun steht sie bereits 10 Jahre und ist somit schon zur Dauerausstellung avanciert. Die auf 54 m² neu installierte Sonderausstellung „Hochwald im Wandel" soll ebenfalls fünf Jahre stehen bleiben. Der Begriff Sonderausstellung ist somit fehl am Platz.

Wissen: Die Bandbreite der Themen im Hans-Eisenmann-Haus ist groß: Sie reicht von der Darstellung des eigenen Schutzgebiets, über Zusammenhänge im Naturhaushalt bis hin zu übergeordneten ökologischen Problemen. Dazu gehören: „die eigene Nationalpark-Geschichte", „Bäume & Waldsterben", „Boden", „Klima & Wachstum", „Energie", „Tourismus" und „Hochwald". Die Planer der Ausstellung waren sich dessen bewusst, dass zum Verständnis schutzgebietsrelevanter Vorgänge zahlreiche Faktoren eine Rolle spielen. Zum Repertoire zählen auch komplexe Bereiche wie Energie und Wachstum, die bedeutende Bausteine ökologischen Verständnisses sind. Eine definitive Kernaussage besitzt die Gesamtausstellung jedoch nicht. Die grundlegenden Botschaften der Untereinheiten sind unterschiedlich gut herausgearbeitet, z.T. fehlen sie. Durch das Fehlen einer Story (vgl. Kapitel 4.2) wird der Zusammenhang zwischen diesen Teilbereichen nicht herausgehoben.

Eine hierarchische Untergliederung von Informationen ergibt sich v.a. durch die gut ausgestattete Bibliothek, in der interessierte Besucher offene Fragen klären können.

Positiv für die Wissensvermittlung sind die inszenierten Gegenüberstellungen zu nennen (vgl. Kapitel 4.2). Die positiven Seiten sind dabei leichter verständlich und attraktiver dargestellt als die negativen. So illustriert die Bodenbox das Leben im Boden sehr anschaulich. Die Besucher können an den Binokularen selbst auf Entdeckungstour gehen und lebendige Bodentiere suchen. Das Diorama fordert ebenfalls zum Entdecken auf und zeigt eindrucksvoll das Leben am und im Boden. Die angebrachten Texte sind knapp, verständlich und lebendig formuliert. Die Darstellungen bilden eine interessante Mischung aus hohem Wiedererkennungswert und Überraschungseffekt. Ähnliches gilt für Wachstum und Photosynthese in der Klimabox.[39] Die Darstellungen der problematischen Gegenpole sind häufig jedoch schwer verständlich und dürften eine Vielzahl der Besucher überfordern. Zusammenhänge, beispielsweise zwischen Bodenversauerung und Windwurf oder Wachstum und Klima, sind nur Eingeweihten ersichtlich. Eine Vermittlung zwischen positiven Beispielen und Negativszenarien fehlt. Völlig missglückt ist die Ausstellung zum Thema „Der alte Wald geht vom Berg". Sie verfehlt das Ziel, das brisante und emotionsgeladene Thema den Besuchern nahe zu bringen. Die Ableitung klarer Aussagen bleibt für Fachleute rätselhaft, für Laien ist dies nicht möglich.

---

[39] Per Knopfdruck läuft ein fiktiver Tagesthemenbeitrag aus dem Jahr 2030, den Ulrich Wickert spricht und der im Originalstudio aufgenommen wurde. Der Moderator erklärt das Absterben der Hochlagenwälder im Bayerischen Wald. In diesem Beitrag wird der Zusammenhang zwischen den Problemen des Schutzgebiets und globalen Phänomenen gut erklärt, welche zum flächigen Absterben der Hochlagenwälder führen. Durch den hohen Wiedererkennungswert wirkt dieses Kommunikationsmedium ausgesprochen wirklichkeitsnah. Die aktuelle Dynamik im Bergfichtenwald hat diese Zukunftsutopie (produziert im Jahre 1994) bereits eingeholt.

Die Bandbreite eingesetzter Medien ist mäßig groß. Der Schwerpunkt liegt auf audiovisueller und visueller Vermittlung oder Exponaten zum Anschauen. Die Interaktionsmöglichkeiten beschränken sich v.a. darauf, Knöpfe zu drücken. Selbst Hand anlegen kann der Besucher bei den Binokularen in der Bodenbox und im „Erlebnisraum" für Kinder.

Einstellung: Die Ausstellung zeigt Ansätze, die Faszination und „Wertschätzung" für die Leistungen der Natur wecken können. Besucher, die gut reflektieren können, sehen beispielsweise, welchen untergeordneten Stellenwert „das Tier Mensch" – innerhalb des Energiekreislaufs – im Vergleich zu Bäumen einnimmt.

Durch die gesamte Ausstellung ziehen sich ausgeprägte Negativ-Szenarien, die sämtliche positive Emotionen in Frustration umschlagen lassen können. „Waldsterben" ist ein Musterbeispiel der Katastrophenpädagogik, das an aktuellen Ansprüchen völlig vorbeigeht. Der Tourismus, einer der bedeutendsten Wirtschaftsfaktoren des Bayerischen Waldes, wird durch die zugehörige Ausstellung scharf kritisiert. Positive Ansätze im Bereich Natur und Kultur werden verschwiegen. Durch einen Spiegel werden die Besucher sogar selbst in die Inszenierung der Ausstellung miteinbezogen. Sie sehen sich selbst hinter dem Steuer eines Wagens und nehmen sich somit als Umweltzerstörer wahr.

Haus-des-Waldes

Wissen: In einer großen Ausstellungshalle befinden sich einzelne Installationen, die durch ihre Anordnung den Rundgang leiten. Ihre Abfolge ist methodisch/didaktisch bedingt. Die Gliederung und der damit verbundene Zusammenhang ergibt sich aus einer Sequenz von verschiedenen Elementen (siehe Kapitel 4.2)

Die Erlebniswelt will ihren Besuchern das Thema Wald nahe bringen, was die Ausstellung mit Abstrichen auch gut schafft. Eine eingängige Kernaussage hat das Haus-des-Waldes nicht, worunter auch die hierarchische Gliederung leidet. Im Vordergrund steht das Einzelelement „Baum". Die Komplexität des Ökosystems Wald beleuchten die Elemente nur zweitrangig. Probleme werden lediglich sehr versteckt durch ein Computerprogramm behandelt. Diese Darstellung geht an aktuellen Tendenzen vorbei. So erklärt das Programm das Phänomen Waldsterben über „sauren Regen", der aber im Vergleich zu bodennahem Ozon eine untergeordnete Rolle spielt (FABIAN 1992). Wichtige Handlungsalternativen, wie Autofahrten an heißen Sommertagen eher auf die späten Nachmittags- oder Abendstunden zu verlegen, vermittelt die Ausstellung des Haus-des-Waldes nicht.

Sehr gelungen sind jedoch die Einzelelemente und deren Abfolge. Sie sind interaktiv, fordern zum Erkunden auf und sind leicht verständlich. Eines der Hauptelemente, ein künstlicher Baum, beherbergt zahlreiche Tiere, die es zu entdecken gibt, und Klappen, hinter denen sich interessante Darstellungen finden lassen. Der hierarchische Zugang ergibt sich daraus, dass sich hinter unterschiedlichen Klappen verschiedene Schwierigkeitsgrade verbergen (dazu auch Kapitel 4.4). Dieses Element arbeitet die „Stockwerke" des Baumes gut heraus. Dazu gehören sowohl ökologische Nischen im Blätterdach als auch die Nährstoffaufnahme im Wurzelbereich und deren Transport durch den Stamm.

Der komplexe Prozess der Photosynthese wird sehr anschaulich und attraktiv erklärt. Die beteiligten Faktoren Wasser, Kohlenstoffdioxid und Licht, also die „Zutaten", muss der Besucher per Knopfdruck selber beisteuern. Zusammenhänge können auf diese Weise gut verstanden werden.

Einen Perspektivwechsel erfordert eine Installation in der Försterstube. Der Spieler muss als „Praktikant" Entscheidungen treffen, ob Bäume gefällt werden oder nicht.

Erfreulich hoch ist die Bandbreite der angesprochenen verschiedenen Sinne. Sowohl Riechen, Hören, Fühlen als auch Schauen fordern die Elemente von ihren Nutzern.[40] Monotone Plakatwände gehören nicht zum Instrumentarium der Ausstellung.

Einstellungen: Das Potenzial zur Weckung positiver Emotionen ist die Stärke des Haus-des-Waldes. Durch die interessante Inszenierung und die Methodenvielfalt sensibilisiert die Ausstellung, erzeugt Spannung und lässt Raum zum Reflektieren.

Gut gelungen ist der Einstieg durch die „Märchenwand", die auf Abbildung 10 zu sehen ist. Neben der Hauptzielgruppe Kinder können auch Erwachsene aktiv werden. Durch Drehen an Rädern oder Ziehen an Kordeln animiert der Gast bekannte Märchen wie „Sterntaler" oder „Tischlein deck' Dich". Der Widererkennungswert ist hoch. Märchen besetzen das Thema Wald mit einem Hauch Mystik, Sympathie und Freude.

---

[40] Den Anfang der Ausstellung bilden drei Säulen, welche die Sinne Tasten, Hören und Riechen fordern. In der ersten Säule sind durch Öffnungen interessante Dinge zu ertasten. Über jeder Öffnung stehen pfiffige Überschriften, die bereits Neugierde wecken: z.B. „Steter Tropfen höhlt den Stein" (hier fasst man ins Wasser), „Ein Männlein steht im Walde" (Pilz), „Älter als Dinosaurier" (Moos). Beim Hineingreifen gibt es unterschiedliche und überraschende Effekte. Die zweite Säule sensibilisiert das Hören. Dazu muss der Besucher seinen Kopf in eine Aussparung der Säule stecken und hört nächtliche Waldgeräusche, wie das Rufen eines Waldkauzes oder Dachslaute. Diese realen Geräusche in einer ungewohnten Umgebung können ausgesprochen unheimlich wirken. An der „Gerüche-Säule" werden die Besucher aufgefordert, Gummibälle zu drücken, um am benachbarten Metallgitter zu versuchen, verschiedene Düfte zu identifizieren. Die Spannung bleibt, denn zu den Düften werden keine Erläuterungen abgegeben. Wer es nicht herausbekommt, kann ja fragen.

Abbildung 10: Märchenwand im Haus-des-Waldes

Foto: Diepolder, Küblböck 2000

Eine Abfolge kleiner Dioramen zeigt das Leben einer Maus während der vier Jahreszeiten, das mit dem Tod und somit dem Übergang in natürliche Kreisläufe endet. Interessierte Besucher können durch Reflexion erahnen, selbst nur ein Baustein dieser Abläufe zu sein.

In Zusammenhang mit dem Punkt Inszenierung schafft das Haus-des-Waldes eine lebensfrohe Atmosphäre, die zum sensiblen Umgang mit Wald auffordert. Diese positive Atmosphäre könnte besser genutzt werden, Handlungsalternativen aufzeigen und als „Corporate Land" für ökologisch orientierte Forstwirtschaft fungieren.

Multimar Wattforum

Wissen: Die übergeordnete Kernaussage des Multimar Wattforums ist die Notwendigkeit von Umwelt-Monitoring. Diese Kernaussage untergliedert sich in Teilbereiche, die einerseits Wissenswertes über das Wattenmeer wiedergeben, andererseits die bedeutende Stellung der Forschung immer wieder herausheben. Diese Teilbereiche sind: „Gezeiten und Klima", „Watttiere und deren Besonderheiten", „Zeit und Raum", „Nationalparkidee", „Menschen am Watt" und „Monitoring". Die Präsentation von Problemen wie Treibhauseffekt oder Tankerunglücke scheuen die Ausstellungsgestalter nicht. Den Nationalparkgedanken behandelt die Ausstellung jedoch nur mit einem Themenbuch.

Die Informationen sind vorbildlich hierarchisch geordnet. Eckpfeiler des Konzepts sind die Themenbücher. Hierbei handelt es sich um aufklappbare Säulen, die alle nach dem gleichen Prinzip aufgebaut sind. Das obere Drittel führt durch eine knappe Überschrift ins Thema ein. Der mittlere Abschnitt dient der tiefgehenden Information, wozu Texte, Bilder, Elemente zum Anfassen und Computer eingesetzt werden. Je nach Interesse können sich Besucher in den Themenblock einarbeiten. Die Grundaussagen sind sehr verständlich, die Tiefe an Details erscheint trotzdem groß. Der untere Bereich ist kindgerecht aufbereitet. Anfassen und Ausprobieren ist ausdrücklich erwünscht.

Einzelelemente, in der Begleitbroschüre „Skulpturen" genannt, ergänzen die Themenbücher. Hierbei steht die Aktion des Besuchers im Mittelpunkt. Informationen werden so erfahrbar. Im Vordergrund stehen übergeordnete, verallgemeinerbare Aussagen, die multisensitiv vermittelt werden.[41]

Einstellungen: Das Multimar Wattforum stellt Natur als etwas Schönes, Schützenswertes dar. Durch das eigene Handeln und die Möglichkeit der gezielten Informationssuche kann der Besucher Wissen anschaulich und selbstgesteuert erfahren. Durch die klare Kernthematik und die daraus resultierende Transparenzsteigerung der eigenen Arbeit kann der Nationalpark Schleswig Holsteinisches Wattenmeer zur notwendigen Akzeptanzförderung in der Region beitragen. Durch die intensive Erlebnisorientierung, beispielsweise durch interaktive Medien oder mit witzigen Elementen wie einer Dialektkarte, vermittelt das SIZ viel Spaß. Somit setzt es das Modewort Edutainment vortrefflich um. Das SIZ Multimar Wattforum eignet sich gut als Corporate Land für den Nationalpark.

Museum am Schölerberg

Wissen: Die Ausstellung im Museum am Schölerberg besitzt eine umfassende Dichte an Informationen. Grundidee ist die Darstellung relevanter Bestandteile der Kulturlandschaft in geschlossenen Einheiten. Zu den aufbereiteten Themen gehören Erdgeschichte, Wald, Kulturlandschaft, Stadt, fließendes oder stehendes Gewässer sowie Hochmoor. „Erdgeschichte" wurde zum Untersuchungszeitpunkt durch „Boden" ersetzt. Eine zentrale Kernaussage besteht nicht. Dennoch ist die Informationsfülle sehr anschaulich gegliedert. Die Basisbotschaften der einzelnen Themenboxen lassen sich gut ableiten, auch wenn deren Anzahl hoch ist. Die Überschriften sind knapp und verständlich, die Exponate aussagekräftig. Zur Abstufung von Informationen dienen

---

[41] „So schnell wie ...": Auf einem Hometrainer, dem sogenannten Ergometer, kann jeder Besucher sein auf dem Rad erreichtes Tempo mit der Geschwindigkeit diverser Tierarten messen. Entlang einer Skala zeigt sich, welchem Tier die eigene momentane Geschwindigkeit entspricht. Zum Zeitpunkt der Untersuchung war diese Installation leider defekt.

DIN A4 Tafeln und große Themenbücher,[42] mit denen sich der Besucher je nach Interesse umfassend informieren kann. Desweiteren stehen immer wieder Binokulare mit Objekten (Abbildung 11), topographische Karten und Bestimmungsbücher zur Verfügung, die tiefere Einblicke gewähren.

Abbildung 11: Binokular-Ecke im Museum am Schölerberg

Foto: Diepolder, Küblböck 2000

Durch zahlreiche kleine Details, die in die Ausstellung integriert sind, können die Besucher viel entdecken. Trotz der Detaildichte stehen Zusammenhänge im Vordergrund. Auch die Darstellung von Problemen wird nicht gescheut. Eine Untereinheit „Tierquälerei" im Bereich Kulturlandschaft neigt dabei aber stark zur Katastrophenpädagogik.

Die gesamte Ausstellung bezieht sich auf die Region um Osnabrück und schließt somit an die Lebenswelt der Adressaten an. Ein gutes Beispiel ist der Bereich Stadtökologie, worin Teile der Innenstadt nachgebaut wurden (vgl. dazu auch SCHER 1998).

Einstellung: Emotionen sind ein wichtiger Aspekt des Museums am Schölerberg. Botschaften werden z.T. plakativ in Szene gesetzt. Ein gutes Beispiel ist eine Vitrine mit spiegelbildlichen Gegenüberstellungen von diversen Vogelarten. Auf der einen Seite sind Arten wie Neuntöter und Schwarzkehlchen zu sehen, die in strukturreichen Kul-

---

[42] Themenbücher sind hier große selbstgestaltete, etwa DIN A2 große Bücher mit Texten und vielen Abbildungen.

turlandschaften leben; das gespiegelte Pendant sind lediglich Ringeltauben, die als Symbole für die Artenarmut intensiv genutzter Landschaften stehen. Eine Gegenüberstellung von Wandbildern, die positive und negative Möglichkeiten zeigt, wie sich Landschaften in Zukunft entwickeln können, macht deutlich, dass technische Innovationen und sensible Infrastrukturmaßnahmen ökonomisch und ökologisch sinnvoll sein können. Die psycho-hygienische Spannweite wird eingehalten. Das explizite Bekenntnis zu technischen Innovationen, z.b. Windkraft, eignet sich dazu, positive Einstellungen für eine sensible Landschaftsentwicklung zu erzeugen. Einige Bereiche verbreiten durch die Raumgestaltung eine eher düstere Atmosphäre (siehe Kapitel 4.3), die wenig Werbung für die Umwelt macht.

Naturparkzentrum Botrange

Wissen: Die Gliederung der Ausstellung ist klar strukturiert. Hauptmotiv ist dabei die Entwicklung der Region in der Erdgeschichte bis hin zum aktuellen Landschaftsbild. Einen hierarchischen Zugang zur Informationsfülle gibt es nicht. Zielgruppe sind Studierende der Geo- und Umweltwissenschaften, was den Besucherquerschnitt permanent überfordert.

Der Zeittunnel arbeitet mit Wandbildern, die anschaulich gestaltet sind. Die Infotafeln hingegen beinhalten Fachbegriffe, die nicht erklärt werden. Die Zeitspanne des Tertiärs ignoriert die Ausstellung völlig. Damit fehlt ein entscheidender Baustein in der erdgeschichtlichen Entwicklung der Region; so ist z.B. der Vulkanismus in der benachbarten Eifel, der die Region geprägt hat, nicht Gegenstand der Ausstellung. Neben der fachlichen Lücke verzichten die Planer auf einen prominenten Aufhänger, der gut in Szene gesetzt werden könnte. Beim „Pleistozän" fehlen einfache Grundaussagen wie „In Europa gab es Gebiete, die vergletschert waren, andere waren es nicht". Details wie „Pingos" werden als bekannt vorausgesetzt. Zu diesen didaktischen Lücken kommen falsche Aussagen, wie „*Überall in Europa wurde Löss angelagert*" (Text auf einer Infotafel). Teil zwei der Ausstellung – das Holozän – besteht aus beleuchteten Plakatwänden. Diese beinhalten ein Fülle von kleinen komplizierten Details. Grundaussagen können nur schwierig bzw. gar nicht abgeleitet werden. Bei den Kommunikationsmedien herrscht generell Monotonie, die meisten Aussagen erreichen normale Besucher nicht. Verständlicher als die Ausstellung ist eine Begleitbroschüre, die weder im Eintrittspreis enthalten ist noch deutlich genug beworben wird.

Auf Wiedererkennung oder Einbezug der Lebenswelt der Betrachter wird verzichtet. Selbst Hand anlegen kann der Besucher nicht. Lediglich für Kinder sind zwei Elemente zum Tasten und Riechen nachträglich installiert worden. Diese sind provisorisch und nicht ins Konzept integriert. Sie zeugen zumindest davon, dass die museumspädagogische Betreuung die Missstände erkannt hat.

Einstellungen: Lediglich die Rahmeninszenierung des Zeittunnels kann Emotionen wecken, die zur weiteren Beschäftigung mit dem Thema anregen. Ansonsten sucht der Besucher vergebens positive Emotionen. Insgesamt ist das Naturparkzentrum Botrange als Stätte informeller Umweltbildung kaum geeignet. Nach Angaben des Interviewpartners will das Naturparkzentrum seine Besucher zu umweltfreundlichem Handeln bewegen. Die Ausstellung zeigt hierfür jedoch keinerlei Ansatzpunkte.

4.4 Zielgruppenorientierung

Eine zentrale Forderung für die Gestaltung besucherorientierter Einrichtungen, ob Umweltausstellung oder Erlebniswelt, ist die differenzierte Ansprache der Besucher nach verschiedenen Zielgruppen (vgl. den theoretischen Kriterienkatalog). Alle untersuchten SIZen, mit einer Ausnahme, können und wollen sich jedoch nicht auf eine oder wenige Gruppen spezialisieren. Mit ihrer Mission wollen sie ein Kommunikationsforum für alle Besucher sein. Da der Besucherquerschnitt von Großschutzgebieten sehr breitgefächert ist, definieren die Zentren, nach Angaben der Betreiber, als Zielgruppe den gesamten Bevölkerungsquerschnitt. Auch nach LAUBENTHAL (1999) richten sich Informationszentren generell an alle. Aus diesen scheinbar widersprüchlichen Anforderungen resultiert die Frage, ob und wie Zielgruppenorientierung und die Ansprache breiter Besucherschichten auf einen Nenner gebracht werden können.

Für eine gelungene Besucherorientierung ist es notwendig, zu wissen, welche Besucher ins Haus kommen und wie diese mit dem Angebot zufrieden sind. Über brauchbare Zielgruppenanalysen und exakt definierte Konzepte der Zielgruppenansprache verfügen die wenigsten Einrichtungen. Einige Zentren haben bereits Besucherstudien durchgeführt bzw. erarbeiten lassen. Die Ergebnisse dieser Erhebungen wurden in die vorliegende Untersuchung miteinbezogen, sofern sie von den Leitungen herausgegeben werden durften. Zur optimalen Bearbeitung des Kapitels wären genaue Besucherstudien und Befragungen hilfreich. Dies konnte im Rahmen der vorliegenden Arbeit nicht geleistet werden. Deshalb interpretiert der Autor, nach welcher Art und Weise die untersuchten Zentren, bewusst oder unbewusst, Zielgruppenorientierung praktizieren. Die im folgenden erläuterte zweistufige Methodik basiert auf eigenen Überlegungen:

Die gesamte Besucherbandbreite wird im ersten Schritt in Gruppen gespalten, die durch Zuweisung spezifischer Eigenschaften definiert und abgegrenzt werden. Im Anschluss an die Aufteilung werden im zweiten Schritt die Zentren aus den Blickwinkeln der jeweiligen Besucher-Cluster gemäß der ihnen zugewiesenen Eigenschaften betrachtet.

Zur Bildung von Gruppen (Schritt 1) könnten beispielsweise die fünf Haupt-Milieus nach SCHULZE (1997) herangezogen werden (vgl. Kapitel 3.1.1). Ohne Besucherstudien, alleine durch Interpretation, ist es jedoch kaum möglich, den Schritt 2 zu vollziehen: Der zu erwartende Umgang der Individuen verschiedener Milieus mit den Zentren kann kaum treffsicher und trennscharf vorhergesagt werden.

Schritt 1: Bildung und Abgrenzung der Gruppen

Die folgende Gruppenbildung ist eine Möglichkeit, die aufgrund der Aussagen der Leiter am plausibelsten erscheint. Die Wahl der Einteilungskriterien schließt nicht aus, dass auch andere Abgrenzungsoptionen bestehen.

Nach Angaben der Betreiber ist ein Großteil der Besucher Eltern mit Kindern. So liegt beispielsweise im Hans-Eisenmann-Haus der Anteil von Familien bei fast 60%. Im Naturparkzentrum Botrange sind annähernd 75% der Besucher Kinder bzw. junge Leute. Aufgrund spezifischer Ansprüche von Kindern und Familien werden diese als eine Gruppe von der Grundgesamtheit abgetrennt.[43] Aus den Gesprächen mit den Betreibern hat sich eine Eigenschaft herauskristallisiert, die am ehesten geeignet erscheint, eine weitere Aufteilung der Besucher in Gruppen vorzunehmen, nämlich die Art und Weise, wie sich Besucher mit der Ausstellung auseinandersetzen. Die beiden Gegenpole lassen sich am ehesten mit „defensiv" und „offensiv" beschreiben. Daraus ergeben sich zwei weitere idealtypische Gruppen. Diese drei Gruppen, die im Folgenden vorgestellt werden, wollen nicht den Anspruch erheben, die exakten Bedürfnisse jedes einzelnen Besuchers zu berücksichtigen:

Gruppe 1: Aktuelle Ansätze der Familienpädagogik fordern, Eltern und ihre Kinder gemeinsam anzusprechen. Dies regt die Diskussion innerhalb der Familie an und fördert dadurch das Lernpotenzial (PAPASTEFANOU in PAETZOLD, FRIED 1989). Kinder brauchen Elemente zum Staunen und Entdecken, sie wollen aktiv sein, Dinge ausprobieren und anfassen. Mit langen Texten oder komplizierten Abbildungen können sie wenig anfangen (KÖNIG 1999). Die Eltern wollen, dass ihre Kinder ökologische Zusammenhänge verstehen. Dazu benötigen auch die Eltern Informationen, die sie mit ihren Kindern diskutieren können. Dafür müssen jedoch auf engem Raum Angebote für Eltern und Kinder vorhanden sein. Werden für Erwachsene und Kinder separate Angebote geschaffen, sollte nach Angaben der Betreiber des Multimar Wattforums dafür gesorgt werden, dass sich beide Gruppen nicht aus den Augen verlieren.[44]

Gruppe 2: Diese Gruppe besteht aus Jugendlichen und Erwachsenen, die größtenteils durch die Ausstellung schlendern, nur wenige Angebote intensiv wahrnehmen und ggf. Überschriften lesen. Die Besucher gehen defensiv mit den Angeboten um, aus denen

---

[43] Die Gruppe der Schulklassen wurde bewusst nicht in die Interpretation aufgenommen, obwohl Schüler einen beträchtlichen Anteil ausmachen können. Die meisten Betreiber geben an, dass Schulklassen durch Hausmitarbeiter oder Lehrer geführt werden (müssen). Durch die personenbetreute Vermittlung kommt ein grundlegender Aspekt zum Angebot hinzu, der nicht allgemein interpretiert werden kann.

[44] Natürlich gibt es auch Familien, die nicht in das beschriebene Schema passen. Beispielsweise können Eltern, die in ihrer Freizeit nicht den Anspruch haben, mit ihren Kindern über schwierige Phänomene zu sprechen, eher Gruppe 2 zugeordnet werden.

sie lediglich auswählen. Sie sind bestenfalls durchschnittlich an der Thematik interessiert und verbringen wenig Zeit mit der aktiven Ausstellungserkundung. Informationen nimmt diese Gruppe eher beiläufig wahr.

Gruppe 3: Gruppe 3 besteht aus Jugendlichen und Erwachsenen, die sich auf die Ausstellung einlassen wollen. Sie sind bereit, Zeit zu investieren, um die Botschaften zu erfassen. Dabei muss jedoch der Vorteil der Ausstellung gegenüber Textmedien offensichtlich sein. Diese Besucher verhalten sich offensiv. Sie reflektieren das Angebot, setzen sich kritisch damit auseinander und wollen sich faszinieren lassen.

Schritt 2: Interpretation aus den Blickwinkeln der definierten Gruppen

Nachfolgende Aussagen lassen sich größtenteils aus den Ergebnissen der Gespräche mit den Betreibern ableiten; sie werden zusätzlich durch eigene Beobachtungen hinsichtlich der Ausstellungsgestaltung ergänzt. Bestehende Ergebnisse aus Besucherbefragungen sind ebenfalls Teil der folgenden Unterpunkte.

Ars-Electronica-Center (AEC)

Das AEC will ein breites Publikum mit unterschiedlichen Zielgruppen erreichen. Nach eigenen Angaben gehören dazu: die Gesellschaft im Allgemeinen sowie Wissenschaftler, Industriepartner, Künstler, Sponsoren und politische Entscheidungsträger im Besonderen. Die explizit genannten Zielgruppen sind v.a. in Bezug auf das Ars Electronica Festival wichtig, da diese als Initiatoren und Kooperationspartner fungieren. Nach Angaben der Betreiber besteht bei Besuchern über 30 Jahren grundsätzlich Schwellenangst, da dort neue Technologien im Allgemeinen Zugangsbarrieren darstellen. Auch der Aspekt der digitalen Kunst ist für dieses Klientel nicht unbedingt attraktiv. 70% der Besucher des AEC sind jünger als 30 Jahre. Diese Gruppe wird nicht speziell beworben. In der Werbung versucht der Betreiber verstärkt, Senioren zu gewinnen, um diese mit dem Internet und neuen Computertechniken vertraut zu machen.

Hier kann eine kleine Diskrepanz zwischen Anspruch und Realität festgestellt werden. Die Titel der einzelnen Elemente, die großenteils Überschriften der Erläuterungstexte darstellen, sind zu 90% in englischer Sprache, z.T. weil die Exponate als Leihgaben von Künstlern so benannt wurden. Die Texte selbst sind kompliziert, die Imagebroschüre arbeitet mit fremdsprachigen Titeln und vielen Fachbegriffen. Auch andere Elemente im Haus – wie das Café „Media-Sky-Loft" – tragen englische Namen, die innovativ und modern klingen. Obwohl durch den Einsatz von Betreuern verschiedene Zielgruppen optimal angesprochen werden können, kommen diese Begleiter in der Imagebroschüre zu wenig zur Geltung. Ob der verwendete Begriff „Info-Trainer" hilft, skeptisches Publikum anzulocken, sei in Frage gestellt. Alle Personen auf den Fotos in der Imagebroschüre wirken jung und dynamisch. Die Imagebroschüre trägt sicherlich nicht dazu bei, bei älteren oder gegenüber neuen Techniken skeptisch eingestellten Menschen Zugangsbarrieren abzubauen.

Die Erwartungshaltung der Besucher lässt sich laut Ergebnissen einer Studie des AEC (Pressemitteilung 10/99) auf folgende Kernaussagen konzentrieren: Sie wollen mehr über neue Technologien erfahren und mit diesen auch interaktiv agieren bzw. spielen. Die Besucher erhoffen sich dadurch, dass der Zugang zur Technik erleichtert wird, zudem wollen Nutzer des AEC auf freundliches Personal treffen.

Laut Zufriedenheitsanalyse sind 77,8% der Befragten nach einem Besuch „sehr zufrieden" oder „zufrieden" gewesen, nur 2,5% hingegen gaben an, eher unzufrieden aus der Ausstellung gegangen zu sein. Was der Presseinformation leider nicht entnommen werden kann, ist die Frage, wie vertraut die Besucher vor dem Besuch des AEC mit den neuen Medien waren. Unterschiedliche Zielgruppen lassen sich somit nicht herausarbeiten.

Ein spezielles Programm für Schulklassen und Senioren wird vom AEC angeboten; ferner werden für Lehrzwecke ein Kompendium und Arbeitsblätter für Schüler bereitgestellt.

Die durchschnittliche Aufenthaltszeit der Besucher ist mit 3-4 Stunden extrem lang. Sie ergibt sich v.a. durch die Anwesenheit Jugendlicher mit Dauerkarten, die das Angebot nutzen und im Internet surfen (Angaben der Betreiber).

- Gruppe 1 (Kinder, Familien): Die Ausstellung ist für Kinder erst ab einem bestimmten Alter geeignet. Kinder, die mit dem Umgang von PCs vertraut sind, werden mit den meisten Elementen etwas anfangen können. Trotz des Mediums „Computer" können Elemente gemeinsam von Familien genutzt werden.
- Gruppe 2 (Erwachsene, defensiv): Wer im Umgang mit Computern geübt ist, kann die Elemente des Ars Electronica nutzen. Auch Laien werden über die Infotrainer an die digitalen Medien herangeführt. Einzelne Elemente, wie der „Cave", die vom Besucher ohne eigenes Engagement genutzt werden können, vermitteln besondere Erlebnisse.
- Gruppe 3 (Erwachsene, offensiv): Aufgeschlossenes Publikum, das mit Computertechnologie bereits vertraut ist, wird im Ars Electronica am intensivsten angesprochen. Dies sind überwiegend junge Besucher, wie die Zufriedenheitsanalyse zeigt. Einige Installationen (Humphrey, Cave) ermöglichen anspruchsvollen Gästen herausragende Erlebnisse. Auch Liebhaber digitaler Kunst haben im AEC eine Platt-

form gefunden, die hohe Ansprüche befriedigt. Enttäuscht werden diejenigen sein, die sich einen Spannungsbogen oder kritische Reflexion zum Themenbereich „Einsatz von Computertechnik und seine Grenzen" wünschen.

Blumberger Mühle

Die Betreiber dieses Zentrums gehen davon aus, dass Besucher neben der Ausstellung betreute Führungen in der Naturerlebnislandschaft nutzen. Der Führer kann spezifisch auf Gruppen eingehen. Nach Angaben der Leitung gibt es für die Ausstellung keine Hauptzielgruppen. Das Angebot soll sich generell an Naturinteressierte richten. Diese Aussage kann anhand der Konzeption der Ausstellung nicht bestätigt werden. Die Besucherorientierung ist unzureichend. Sie beschränkt sich auf das Feedback in den Führungen und die Erhebung von Besucherzahlen in der Ausstellung.

- Gruppe 1 (Kinder, Familien): Die Ausstellung spricht in erster Linie Kinder und Familien an. Zum Zuhören animiert der sprechende Baum, der seine Geschichte erzählt. Kinder nutzen für Aktivitäten v.a. das Außengelände. Wegen der geringen Informationsdichte ist es Eltern mit eher geringem Kenntnisstand kaum möglich, sich ökologisches Wissen anzueignen, um es ihren Kindern zu vermitteln. Die Elemente in der Blumberger Mühle sind so angeordnet, dass Eltern und Kinder sie gemeinsam nutzen können. Dazu gehört die Fahrradtour, das Ruderboot und das sogenannte idyllische Plätzchen.
- Gruppe 2 (Erwachsene, defensiv): Für Besucher, die wenig Zeit, Lust oder Interesse mitbringen, können die Elemente kurzzeitig ansprechend sein. Keine Installation ist kompliziert, aber Begeisterungsstürme werden durch sie nicht hervorgerufen. Das ansprechende Design des Gebäudes und die stellenweise gelungenen Inszenierungen können Langeweile vermeiden. Die derzeitige Sonderausstellung wird Gruppe 2 wenig ansprechen, da sie zu textlastig ist.
- Gruppe 3 (Erwachsene, offensiv): Die Dauerausstellung bietet fast keine Ansatzpunkte, sich tiefergehend mit der Thematik auseinanderzusetzen. Am geeignetsten ist das „Regionalpoly". Interessierte, die Informationen zum Biosphärenreservat sowie den typischen Lebensräumen und ökologischen Zusammenhängen erwarten oder Ansatzpunkt zu Nachdenken suchen, werden von den präsentierten Inhalten enttäuscht sein. Die Sonderausstellung ist informativ, erzeugt aber wenig Spannung. Die Ausstellung der Blumberger Mühle unterfordert Gruppe 3, wie auch der Gesprächspartner feststellte.

Besucherzentrum mit Museonder – Nationalpark Hoge Veluwe

Beim Besucherzentrum des Nationalparks De Hoge Veluwe muss zwischen dem unterirdischen Museonder und dem neueren oberirdischen Ausstellungsbereich differenziert werden.

Im oberirdischen Bereich ist der Anspruch an Besucher geringer als im Museonder. Dies ist auf die Tatsache zurückzuführen, dass das Besucherzentrum möglichst viele verschiedene Leute ansprechen und über das Schutzgebiet informieren soll. Im oberirdischen Besucherzentrum geschieht die Zielgruppenansprache über die Themenboxen. Darin enthalten sind Elemente, die entweder durch ihren unterschiedlichen Schwierigkeitsgrad verschiedene Zielgruppen ansprechen oder für unterschiedliche Gruppen differenzierte Aussagekraft haben. Ein Beispiel sind hierbei Vitrinen mit Tierpräparaten und Dioramen, die in jeder Themenbox zu finden sind. Laien können über die Vielfalt staunen, Fachleute gezielt Informationen ablesen. Für das oberirdische Besucherzentrum wird die Ansprache für die drei Besuchergruppen am Beispiel der Themenbox „Dünen" erläutert.

- Gruppe 1 (Kinder, Familien): Kinder können Trittsiegel von Tieren in den Sand stempeln und über Dioramen staunen. Sie können über Luftdruckdüsen Sand in einem kleinen Geländemodell transportieren und in Vitrinen unterschiedliche Tiere und Pflanzen entdecken. Eltern können sich über Texttafeln und Monitore noch tiefer informieren und zusammen mit ihren Kindern das Thema erleben und erfahren.
- Gruppe 2 (Erwachsene, defensiv): Auch für Erwachsene eignen sich die interaktiven Elemente: Über die Vielfalt lässt sich staunen, der gut inszenierte Bezug zwischen Innen- und Außenraum ist zu entdecken, Basisinformationen sind anhand von Texttafeln gut verständlich. Gruppe 1 und Gruppe 2 sind die Hauptzielgruppen im oberirdischen Teil des Besucherzentrums.
- Gruppe 3 (Erwachsene, offensiv): Wer komplexe Informationen sucht, lernt z.B. die verschiedenen Stadien einer Sukzessionsabfolge auf Dünen kennen. Für Gruppe 3 ist der Überblick interessanter, welcher mit Hilfe aller Themenboxen über die Landschaft des Nationalparks De Hoge Veluwe ermöglicht wird. Für diese Gruppe ist besonders das Museonder von Interesse.

Die interne Zielgruppenorientierung ist im Museonder nach eigener Interpretation folgendermaßen ausgeprägt: Dort differenzieren sich die Zielgruppen nach Zeit, Lust und Fähigkeit, sich auf die Ausstellung einzulassen. Nicht so sehr das Wissen, sondern der Erlebniswert ist hierarchisch gegliedert. Hierbei gibt es Abstufungen, denen die drei Gruppen zugeordnet werden können:

- Gruppe 1 (Kinder, Familien): Kinder können im Museoder auf Entdeckungsreise gehen. In den Bodenvitrinen und diversen Gucklöchern gibt es immer neue Überraschungen zu erforschen. Auch die großen Tiermodelle dürften hohe Attraktivität haben. Interaktionsmöglichkeiten für Kinder gibt es jedoch nur wenige. Die knappen Texte zu den Einzelelementen sind gut verständlich. Die Inszenierung veranschaulicht eindrucksvoll den dreidimensionalen Aufbau der Landschaft. So bieten sich für Eltern genügend Ansatzpunkte, ihren Kindern ökologisches Verständnis zu vermitteln.
- Gruppe 2 (Erwachsene, defensiv): Besucher, die durch das Museoder schlendern, entdecken viele verschiedene Dinge. Die Raumwirkung beeindruckt, Elemente werden nach Lust und Laune ausprobiert. Auch Besucher ohne den Willen zur intensiven Auseinadersetzung staunen über Einzelinstallationen, wie den Blick ins Erdinnere oder die große Buchenwurzel und lernen z.T. zumindest kurzfristig etwas über die angebotenen Elemente und Texte. Durch den hohen Wiedererkennungswert schließen Elemente wie die erwähnten Wasserhähne offensichtlich an den Alltag der Besucher an. Selbst ein kurzer oberflächlicher Aufenthalt im Museoder kann zum Staunen bewegen und positive Gefühle vermitteln.
- Gruppe 3 (Erwachsene, offensiv): Die Ausstellung bietet als „Gesamtkunstwerk" die Möglichkeit zum „Flow-Erlebnis". Je mehr Zeit der Besucher im Museoder verbringt, desto intensiver erfährt er das durchdachte und stimmige Ausstellungskonzept. Die inhaltliche Gliederung deckt sich hervorragend mit den Inszenierungen und der Raumwirkung. Durch die interessante Darstellungsform fördert das Museoder Neugierde und den Lerneffekt. Dennoch lässt die Ausstellung Raum für eigene Reflexionen. Die Integration künstlerischer Elemente unterstützt das besondere Ambiente, das auch anspruchsvollen Gästen gerecht wird.

Hans-Eisenmann-Haus

Das Hans-Eisenmann-Haus hat nach Angaben der Interviewpartner kein spezielles Zielpublikum. Erklärtes Ziel ist es, breite Bevölkerungsschichten anzusprechen. 1996 wurden im Rahmen einer Diplomarbeit Besucherdaten erhoben. In Interviews versuchte die Diplomandin, Tendenzen zu erkennen, wie die Besucher die Ausstellung wahrnehmen. Nach den Ergebnissen von WIDMANN (1997) teilen sich die Besucher folgendermaßen auf:[45] Touristen: 63%, Ausflügler: 24,8%, Fachbesucher: 5,2%, Einheimische 3,7%, keine Angabe: 3,4 %.[46] Familien machen 59,7% der Besucher aus.

---

[45] In dieser Studie wurde nach Sommer und Frühjahr differenziert. In der vorliegenden Auswertung wurden diese Ergebnisse nach Gesamtbesucherzahlen gewertet arithmetisch gemittelt.

[46] Einheimische sind hierbei Bewohner der Landkreise des Nationalparks.

Da das Hans-Eisenmann-Haus ein Besuchermagnet des Nationalparks ist, ist der Anteil der Touristen und Tagesausflügler sehr hoch. Weitere wichtige Informationen zur Besucherstruktur (Alter, höchster Bildungsabschluss, Einkommen, Vorkenntnisse, Anzahl der Wiederholungsbesucher etc.) sind kaum vorhanden. Besucherprofile und Zielgruppen können daher nicht erfasst werden.

- Gruppe 1 (Kinder, Familien): Für Kinder steht ein spezieller Erlebnisraum bereit, den Abbildung 12 zeigt. Er liegt innerhalb des Hauses sehr abgelegen. Insgesamt sind in der Ausstellung einige Elemente für Kinder geeignet. Sehr gelungen ist für diese Zielgruppe der Zeichentrickfilm über Photosynthese. Familien können, mit Abstrichen, die Themenboxen gemeinsam erleben; jedoch sind die Interaktionsmöglichkeiten gering. Zusammenhänge können von vielen Eltern nicht verstanden und somit auch nicht erklärt werden.

Abbildung 12: Erlebnisraum für Kinder im Hans-Eisenmann-Haus

Foto: Diepolder, Küblböck 2000

- Gruppe 2 (Erwachsene, defensiv): Innerhalb der Themenboxen vermitteln die Installationen Botschaften mit unterschiedlichen Schwierigkeitsgraden. Es gibt neben komplizierten Bausteinen auch einfache Elemente, die nur betrachtet werden und einfach zu verstehen sind (WIDMANN 1997). Das Boden-Diorama z.B. oder Teile der Tourismusausstellung sind beim Durchschlendern leicht erfassbar. Die unterschiedlichen Rahmeninszenierungen der Themenboxen beeindrucken auch ohne langes Nachdenken. Die einzelnen Grundbotschaften sind aber beim oberflächli-

chen Betrachten schwer oder gar nicht zu verstehen. Zur Diskussion regen diese komplizierten Elemente nicht an (WIDMANN 1997). Zusammenhänge werden wohl nur in der Tourismusausstellung klar. Gut geeignet für die Gruppe sind Tonbildschauen und Kurzfilme. Gruppe 2 wird durch das Hans-Eisenmann-Haus angesprochen, da es beim Durchschlendern viel zu sehen gibt. Ob sich ein „positives Erlebnis" einstellt, ist aufgrund der vielen Negativ-Szenarien fraglich.
- Gruppe 3 (Erwachsene, offensiv): Die Gegenüberstellungen in den einzelnen Themenboxen sind v.a. für Besucher mit fundiertem ökologischen Vorwissen interessant. Ansonsten sind die Aussagen der Themenboxen schwer verständlich, beispielsweise über den Zusammenhang zwischen Wachstum und Klima oder über die Energie der Sonne, die einerseits lebensnotwendig, andererseits sehr gefährlich sein kann. Wer bereit ist, nachzudenken, wird trotz der schweren Verständlichkeit von der Themeneinheit „Energie" angesprochen.[47] Das dargestellte einseitig negative Bild des Tourismus wird Unverständnis hervorrufen. Die Hochwaldausstellung dürfte für Gruppe 3 eine einzige Enttäuschung sein. Die besondere Situation des Hochwalds wird gerade bei diesen Besuchern zahlreiche Fragen aufwerfen, deren Beantwortung die Ausstellung schuldig bleibt. Zur Weiterbildung besteht jedoch die Möglichkeit, eine gut ausgestattete Fach-Bibliothek zu besuchen.

Haus-des-Waldes

Nach Angaben des Interviewpartners ist das Haus-des-Waldes auf drei Hauptzielgruppen ausgerichtet:

- Kinder und Jugendliche (v.a. Schüler aller Schularten und Altersstufen),
- Familien und
- Multiplikatoren (Lehrer, Forstleute, Erzieher), die wiederum in engem Kontakt zur ersten Zielgruppe stehen.

---

[47] Das Thema Energie wird in einem Rondell behandelt, auf dessen schwarz-weiß-gemalter Waldkulisse die fünf einzelnen Lebensphasen einer Fichte gezeichnet sind. Sie veranschaulichen das Werden und Vergehen (im Lebensraum Wald). Die Fichte bietet in den einzelnen Altersperioden unterschiedlichen Tierarten eine ökologische Nische. Diese wiederum sind in kleinen Bildern und Filmen auf Kleinmonitoren in das Wandbild eingefügt. Ein Röhrenmodell zeigt die Einbahnstraße der Energie im Gegensatz zum Materiekreislauf. Per Knopfdruck wird das Modell über ein Tonband (Kopfhörer) erklärt. Am Ende des Rondells werden die zwei Kernaussagen dieser Themenbox (Kreislauf, Energie-Einbahnstraße) in einem kurzen Text zusammengefasst. Hierbei wird die Wichtigkeit der Sonne und des Pflanzenwachstums in ihrer Bedeutung gegenüber der Tierwelt hervorgehoben. Den Besuchern bleibt die Interpretationsfreiheit, dass „der Mensch" in diesem Zusammenhang selbst nur „ein Tier" ist. Gegenüber dem Röhrenmodell ist ein Monitor installiert, der einen Film von GREENPEACE mit apokalyptischen Zukunftsutopien zeigt: zuviel Sonnenenergie hat das Leben auf der Oberfläche des Planeten Erde weitgehend zerstört.

Die Zielgruppenansprache ergibt sich durch unterschiedliche Schwierigkeitsgrade der Einzelelemente in der Ausstellung. Ein Beispiel ist das Blockbild eines Baumstammquerschnitts, das als Schublade aus dem Stamm gezogen werden kann. Nach Aussagen des Interviewpartners können Grundschüler über die bunte Vielfalt staunen, wohingegen Teilnehmer von Biologie-Leistungskursen den exakten Aufbau im Maßstab 1:1 vor Augen geführt bekommen.

- Gruppe 1 (Kinder, Familien): Kinder können viele Dinge entdecken, anfassen und ihre Sinne benutzen. Auch kleine Kinder haben an der Märchenwand viel Freude, wie der Interviewpartner bestätigte. Eine hohe Attraktivität hat die Höhle zum Durchkriechen. Eltern können sich vor Ort informieren und die Themen mit ihren Kindern erleben und diskutieren.
- Gruppe 2 (Erwachsene, defensiv): In der Ausstellung gibt es Informationen mit verschiedenen Schwierigkeitsgraden. Generell sind die Botschaften für Jugendliche und Erwachsene auch ohne fachspezifische Vorbildung leicht zu verstehen. Viel Konzentration erfordert die Ausstellung nicht. Das Ziel, einen Zugang zum Thema Wald zu schaffen, ist sehr gut gelungen. Der Aufbau der Ausstellung lässt zu, dass Kleingruppen gemeinsam agieren können.
- Gruppe 3 (Erwachsene, offensiv) gehört nicht zu den Hauptzielgruppen. Dennoch bieten Einzelelemente Möglichkeiten zur Reflexion. Komplexe oder kritische Themen werden nur kurz gestreift (z.B. Waldsterben in der Försterstube, siehe Kapitel 4.2 und 4.3). Die Darstellung dieser Schwierigkeiten ist nicht auf dem aktuellen Stand des Wissens. Für die Zukunft ist geplant, das Angebot auf ein erweitertes Zielpublikum abzustimmen. Dazu sollen Handreichungen mit vertiefenden Informationen für Fachgruppen entstehen.

Multimar Wattforum

Das Ausstellungskonzept des Multimar Wattforums ist für eine große Bandbreite von Besuchern konzipiert, jedoch liegt der Schwerpunkt auf Familien. Mit verschiedenen Mitteln versucht die Ausstellung, alle drei Gruppen anzusprechen: Das SIZ bietet zahlreiche Wahlmöglichkeiten zur Gestaltung des Aufenthalts. Im Haus wurde der Grundsatz verwirklicht, dass dargestellte Themen differenziert zugänglich sein müssen. Dazu gibt es zwei Ebenen: Skulpturen und Themenbücher.

Zu den Skulpturen zählen sowohl Elemente, die der Besucher passiv wahrnehmen kann (z.B. Strandkorb mit Wettergeräuschen), als auch interaktive Installationen (z.B. „Ergometer", vgl. Kapitel 4.3). Hier können auch Menschen einen Zugang zur Thematik finden, die landschaftsökologischen Problemstellungen skeptisch gegenüberstehen.

Praktische Impulse/Zielgruppenorientierung 111

Die definierten Zielgruppen werden durch das Multimar Wattforum folgendermaßen angesprochen:

Abbildung 13: Themenbuch im Multimar Wattforum

Foto: Diepolder, Küblböck 2000

- Gruppe 1 (Kinder, Familien): Durch ihren Aufbau zielen die Themenbücher, die in Abbildung 13 illustriert sind, auf Familien ab. Sowohl Kinder als auch Eltern werden an einem Element – zwar auf unterschiedlichen räumlichen und intellektuellen Ebenen, aber trotzdem gemeinsam – angesprochen (vgl. Kapitel 4.3). Dadurch wird die Kommunikation innerhalb der Familie angeregt und somit ein hoher Lernerfolg erzielt. Die Informationshierarchie schließt aber nicht aus, dass auch Erwachsene die untere und Kinder die mittlere Info-Ebene nutzen. Die Skulpturen bieten für Kinder Möglichkeiten, aktiv zu werden und etwas anzufassen. Für Kinder gibt es zusätzlich einen separaten Erlebnisraum, in dem sie herumtoben können. Durch die Nähe zur Ausstellungshalle können Eltern und Kinder ohne größere Probleme Verbindung halten. Gruppe 1 wird im Multimar Wattforum vorbildlich angesprochen.
- Gruppe 2 (Erwachsene, defensiv): Aufgrund der vielen Wahlmöglichkeiten kann die Zeit in diesem SIZ erlebnisreich verbracht werden, auch wenn sich die Besucher nicht mit der Umweltausstellung auseinandersetzen wollen. Nach Angaben der Betreiber besitzen v.a. die aufwändig gestalteten Aquarien hohe Attraktivität, die auch ohne Reflexion erschlossen werden können. Sowohl Themenbücher als auch

Skulpturen können von allen verstanden werden, da sie diverse Zugangsoptionen zu den Themen eröffnen. Der „Rote Faden" muss nicht erfasst werden.
- Gruppe 3 (Erwachsene, offensiv): Wer bereit ist, nachzudenken und zu reflektieren, kann viel über das Ökosystem Watt und die Notwendigkeit der wissenschaftlichen Beobachtung lernen. Die Einzelelemente fügen sich wie ein Puzzle zusammen. Die Aquarien vermitteln sowohl Kenntnisse über Arten als auch über unterschiedliche Lebensräume im und am Meer. Sogar der Umgang mit einem Arc-View-Project (Geographisches Informations-System) ist möglich.

Museum am Schölerberg

Laut Aussage des Leiters hat das Museum als Zielgruppe Hauptschulabgänger. Dementsprechend ist die Ausstellung einfach konzipiert: Die verwendeten Elemente sind leicht zu verstehen, die Grundbotschaften sind, trotz hoher Informationsdichte, einfach zu erfassen. Um sehr Interessierte oder fachlich Vorgebildete ebenfalls anzusprechen, sind tiefergehende Informationen hierarchisch abgestuft. Die Basis bietet die erlebnisorientierte Ausstellung, in der wenig Text eingesetzt wird. Über Themenbücher, Tafeln, Binokulare sowie aufliegende Bestimmungs- und andere Fachbücher können Besucher sich wahlweise in verschiedene Themen vertiefen. Allerdings ist der „Erlebniswert" damit nicht besonders hoch. Die Besucherorientierung ist darauf spezialisiert, optimale Angebote für Schulklassen bereit zu stellen.

- Gruppe 1 (Kinder, Familien): Speziell für Kinder stehen in der gesamten Ausstellung Spiele bereit. Binokulare bieten auch für ältere Kinder Betätigungsmöglichkeiten. Außerdem gibt es viele Details zu entdecken. Die präsentierten Themen lassen sich gut über Diskussionen zwischen Eltern und Kindern erschließen.
- Gruppe 2 (Erwachsene, defensiv): Die Ausstellung ist zum „Schlendern" geeignet, ein roter Faden ist nicht vorhanden. Besucher können zwischen zahlreichen Elementen auswählen. Die Grundbotschaften sind anschaulich dargestellt. Die düster wirkende Atmosphäre in der gesamten Waldausstellung und in Teilen weiterer Themenboxen dürfte kaum zum Verweilen einladen oder das Gespräch zwischen den Gästen fördern.
- Gruppe 3 (Erwachsene, offensiv): Für die detaillierte Informationssuche stehen Bestimmungsbücher und Infoblätter bereit. Damit ist jedoch nur ein geringer Erlebniswert verbunden. Gruppe 3 wird bewusst integriert, indem wissenschaftliche Vorträge und andere Sonderveranstaltungen angeboten werden.

Naturparkzentrum Botrange

Nach Angaben des Interviewpartners ist die Ausstellung für Studenten der Geo- bzw. Umweltwissenschaften gestaltet. Die Konzeption des Naturparkzentrums Botrange hat somit von allen untersuchten Häuser die mit Abstand genaueste aber auch eingeschränkteste Zielgruppendifferenzierung. V.a. Aspekte der Landschaftsökologie werden detailliert behandelt und informieren die Zielgruppe tiefgehend. Leider bleiben entscheidende Fragen zur Geologie unbeantwortet. An anderen Stellen weist die Ausstellung inhaltliche Fehler auf, die von einem Fachpublikum nicht unentdeckt bleiben. Somit wird auch die kleine Hauptzielgruppe, zumindest teilweise, nicht befriedigt.

Den Anspruch, eine Plattform für die Besucher des Großschutzgebiets zu sein, kann das Naturparkzentrum nicht einlösen. Mehr als drei Viertel der Besucher sind Kinder bzw. junge Leute, denen die derzeitige Dauerausstellung nicht gerecht wird. Das Faltblatt zeigt v.a. Schulklassen und Kinder beim Besuch des Naturparkzentrums Botrange, die dieses als Abenteuerspielplatz nutzen. Auch das comic-ähnliche Layout des Faltblattes zielt stark auf Kinder ab, obwohl für diese Zielgruppe die Ausstellung nicht konzipiert wurde.

Besucherstudien mit Zufriedenheitsanalysen sind für das Naturparkzentrum erstellt worden. Die genauen Zahlen sind für den internen Gebrauch bestimmt. Als Kernaussagen lässt sich ableiten, dass bei drei Viertel der Besucher der Gesamteindruck positiv ist, was sich aber auf das gesamte Angebot und nicht explizit auf die Ausstellung bezieht. Nach Beobachtungen des Betreibers sind die meisten Besucher von der Ausstellung enttäuscht und verbringen dort nur zehn Minuten. Dies lässt den Schluss zu, dass gelungene Rahmeninszenierungen, ansprechende Architektur und gemütliche Innenraumgestaltung von den Besuchern intensiver wahrgenommen werden als beispielsweise die Präsentation der eigentlichen Inhalte. Kritikpunkte der Besucher (z.B. für Kinder wenig geeignet) decken sich mit den in dieser Arbeit abgeleiteten Interpretationen. Aufgrund der speziellen Zielgruppenausrichtung entfällt an dieser Stelle die Aufteilung in Gruppen.

5 Leitfaden für ein Schutzgebietsinformationszentrum

Welche Kriterien lassen sich für ein SIZ herleiten und wie können diese umgesetzt werden, um den Kommunikationsauftrag zwischen dem Raum des Schutzgebiets und der Gesellschaft zu gewährleisten? So lautet die zentrale Fragestellung des vorliegenden Buchs. Ihrer Beantwortung dient die abschließende Ergebniszusammenfassung. Sie folgert aus den theoretischen Hintergründen und praktischen Impulsen einen Leitfaden für ein SIZ. Dazu stellt es die Kerngedanken des theoretischen Anforderungskatalogs noch einmal kurz dar und zeigt auf, wie diese von den dargestellten Zentren umgesetzt werden. Im Anschluss an die Beschreibung jeder Anforderung wird ein kurzes Resümee gezogen.

5.1 Kriterium: Schaffung einer breiten Angebotspalette

Bis auf die Blumberger Mühle besteht das Kernstück aller bereisten Zentren aus der Erlebnisausstellung. Das folgende Kapitel führt auf, welche attraktiven Angebote von den untersuchten Zentren zusätzlich geboten werden.

Für Fragen über das Haus, das Schutzgebiet oder über Freizeitmöglichkeiten in der Region können sich die Besucher aller Zentren an die Mitarbeiter am **Info-Counter** wenden. In den meisten Zentren ist dieser großzügig gestaltet und durchgehend mit Betreuungspersonal besetzt. Dieser dient auch zur Verteilung von Informationsmaterial. Durch den persönlichen Kontakt können v.a. Touristen wertvolle Informationen über Freizeit-Angebote erhalten. Durch konkrete Vorschläge, beispielsweise über Wanderwege, lassen sich Besucher gut lenken. Vorbildlich ist hierbei das Museum am Schölerberg, wo sich neben dem Infocounter eine Zweigstelle der örtlichen Tourist-Information befindet.

Restaurants oder Cafés sind für einen angenehmen Aufenthalt unumgänglich. Einige der untersuchten Zentren befinden sich in peripherer Lage, wofür ein längerer Anfahrtsweg in Kauf genommen werden muss. Auch ein relativ kurzer Aufenthalt in der Ausstellung kann an einen Tagesausflug gebunden sein, wenn beispielsweise die Spazierwege um das Zentrum genutzt werden. Ohne Einkehrmöglichkeit verliert die Destination enorm an Attraktivität, da über mehrere Stunden keine Möglichkeit zum Essen oder Trinken gegeben sein kann. Dieses Problem tritt ganzjährig beim Haus-des-Waldes auf. Beim Museum am Schölerberg und in der Blumberger Mühle ist die Gaststätte zumindest in der Hauptsaison geöffnet. Ansprechendes Design und guter Service der Restaurants (vgl. DESIRE-Modell Kapitel 3.1.3) sind wichtige Forderungen an alle Elemente einer Erlebniswelt. So bieten beispielsweise die Lokale in der Blumberger Mühle und im Multimar Wattforum Ausblicke über die Landschaft der Schutzgebiete.

Die Platzierung des Lokals im oder in unmittelbarer Nähe zum Zentrum kann potenzielle Besucher anlocken. Bei einigen Zentren kann daher das Restaurant auch ohne Ausstellungsbesuch betreten werden, wodurch Schwellenangst abgebaut werden soll. Der Auswahl angebotener Speisen und Getränke kommt bei Umweltbildungszentren eine hohe Bedeutung zu, weil der Lehrende mit gutem Beispiel vorangehen soll (vgl. Kap. 3.2.4). Das Restaurant der Blumberger Mühle bietet daher Speisen aus der Region, die ökologisch erwirtschaftet wurden, womit nicht nur ein hochwertiges Angebot entsteht, sondern die Schutzziele des Biosphärenreservats unterstrichen werden.

Weitere Bausteine im Angebotsmix der untersuchten Zentren sind **Läden** oder zumindest kleine Verkaufsflächen. Die meisten Shops haben v.a. Bücher, Spielsachen und kleine Souvenirs im Angebot, wobei Qualitätsprodukte überwiegen. Eigene Merchandising-Produkte führt lediglich das Multimar Wattforum.

Zur Erweiterung der Dauerausstellung bieten verschiedene Häuser **Sonderausstellungen** in eigens dafür vorgesehenen Räumen. Als besonders wichtig erachtet dies die Leitung des Museums am Schölerberg. Fünf bis sechs Sonderausstellungen im Jahr garantieren eine gute Besucherfrequentierung. Auch die Blumberger Mühle und das Naturparkzentrum Botrange setzen Sonderausstellungen ein. Diese beschränken sich hauptsächlich auf Text-Bild-Tafeln. Die „Sonderausstellungen" im Hans-Eisenmann-Haus haben eine Lebensdauer von 5-10 Jahren, womit die Bezeichnung nicht mehr angebracht ist. Kunstausstellungen regionaler Künstler wechseln hingegen häufig, was nach Angaben der Gesprächspartner Highlights des Hans-Eisenmann-Hauses sind.

Weitere Beispiele für **Zusatzattraktionen** sind gestaltete weitläufige Außenanlagen, Filmsäle, kleine Terrarien und Aquarien. Das Multimar Wattforum zeigt sogar Großaquarien, die ein bedeutender Besuchermagnet sind.

Sonderveranstaltungen bereichern das Angebot der meisten Zentren. Dazu gehören: Kunstvernissagen am Abend, Sommerfeste, Filmvorführungen, Dichterlesungen, Chansonabende, Podiumsdiskussionen, wissenschaftliche Vorträge und Tagungen etc. Die Sonderveranstaltungen werden von den Leitern der Zentren als sehr erfolgreich gewertet: Die Veranstaltungen locken neue Lebensstilgruppen an, Zielgruppen können spezifisch angesprochen werden, die lokale Bevölkerung kann an das Zentrum gebunden werden etc.

5.2 Kriterium: Attraktive und ansprechende Gestaltung

Alle bereisten Einrichtungen wurden zweckgebunden geplant und als Neubau errichtet. Daher verfügen sie alle über eine markante, spezifische Architektur, die auf die Bestimmung als Erlebniswelt ausgerichtet ist. Bei der Architektur der bereisten Zentren sind zwei grundlegend unterschiedliche Varianten zu konstatieren:

Durch die Anlehnung an regionale Baustile, die Verwendung von regionaltypischen Materialien und die harmonische **Einbettung** in das Umfeld bildet die erste Kategorie eine Einheit mit der Landschaft. Zu diesem Typ gehören das Hans-Eisenmann-Haus und das Naturparkzentrum Botrange. Die Architektur demonstriert Einklang mit Natur und Kultur der Landschaft. Bei den genannten Zentren fügt sich das gestaltete Umfeld durch parkähnliche Anlagen in die Landschaft ein.

Den Gegenpol bilden Zentren, die durch ihre futuristische Form in deutlichem **Kontrast** zum Raum stehen. Die Häuser stehen weder in der Bautradition des Kulturraums, noch sind sie unauffällig ins Umfeld eingegliedert. Je unbebauter das Umfeld ist, desto kontrastreicher kann sich das Haus von der Landschaft absetzen. Paradebeispiel dafür ist das Multimar Wattforum, dessen kantige Glasarchitektur im Gegensatz zum flachen, weiten Deichvorland steht. Die Bauweisen des Besucherzentrums Hoge Veluwe (Abbildung 14) und der Blumberger Mühle (Abbildung 15) orientieren sich an Elementen aus der Natur, verfremden diese aber. Sowohl der große „Baumstumpf" im Biosphärenreservat Schorfheide Chorin als auch das „Blatt-Dach im Wald" im Nationalpark Hoge Veluwe verleihen den Zentren eine besondere Symbolwirkung. Sie zeigen durch die Architektur, dass sie einerseits Natur vermitteln wollen, andererseits grenzen sie sich deutlich von dieser ab. Gut in dieses Schema ist auch der Vorplatz des Besucherzentrums Hoge Veluwe eingebettet. Mit Schotter und symmetrischen Baumreihen verwendeten die Planer zwar Symbole aus der Natur, die Abgrenzung zum umgebenden Großschutzgebiet ist jedoch markant.

In Hinblick auf das Kapitel Inszenierung erscheint die zuletzt genannte Umsetzung – Verwendung von verfremdeten Symbolen aus der Natur für Architektur und Umfeldgestaltung – die größten Parallelen zum Anforderungskatalog aufzuweisen: Das SIZ ist kein Element aus der Natur. Eine deutliche Abgrenzung zeigt, dass das SIZ nicht den Versuch unternehmen will, die Natur zu kopieren bzw. zu simulieren (vgl. Kapitel 5.3). Die Verwendung natürlicher Symbole weist hohe Wiedererkennungswerte auf, zeigt bereits von außen das Anliegen, Umwelt vermitteln zu wollen und schafft auf dem Markt der Erlebniswelten eine eigene Identität.

Abbildung 14: Modell des Besucherzentrums im Nationalpark Hoge Veluwe

Foto: Diepolder, Küblböck 2000

Abbildung 15: Außenansicht der Blumberger Mühle

Foto: Diepolder, Küblböck 2000

5.3 Kriterium: Abgeschlossene Inszenierung unter Berücksichtigung von Umweltbildungszielen

Die Herausforderung, Natur zu inszenieren ohne diese simulieren zu wollen, ist eine Gratwanderung, die von den Ausstellungsgestaltern der untersuchten Zentren verschieden gemeistert wurde. Zur genaueren Betrachtung der „Inszenierung" unterteilt der folgende Abschnitt diesen Aspekt in drei Punkte: Aufbau und Gliederung der Ausstellung, Nachahmung von Natur und das Verhältnis des Zentrums zur realen Umwelt.

Die Zentren zeigen verschiedene Möglichkeiten, die Ausstellung zu untergliedern. Die Forderung an Themenwelten, eine **abgeschlossene Geschichte** zu erzählen, die einzelnen Komponenten dramaturgisch zu verbinden und diese durch die Raumgestaltung mit Leben zu füllen (vgl. Kapitel 3.3), versuchen drei untersuchte Erlebniswelten zu erfüllen: Das Zentrum Botrange ist als Zeitreise vom Perm bis zur Gegenwart konzipiert. Das Multimar Wattforum zeigt die Notwendigkeit des Umwelt-Monitorings, indem es Teilaspekte nacheinander vorstellt, die schrittweise auf diese Hauptaussage hinführen. Das SIZ Hoge Veluwe bietet seinen Besuchern einen Spaziergang von der Erdoberfläche über den belebten Boden, Gestein und Grundwasser bis zum Erdmantel. Letztgenannte Inszenierung vermittelt durch Einzelelemente, angepasste Raumgestaltung, Story und Beleuchtung eine ganz besondere Atmosphäre an seine Besucher. Die Inszenierung wird durch ihre beeindruckende Anschaulichkeit zum Hauptwerkzeug der Präsentation des Raums. Auch die Idee, das Thema Boden unter der Erde zu inszenieren, erzeugte nach Angaben des Gesprächspartners reges Interesse bei Medien und Besuchern. Die abgeschlossenen Inszenierungen bieten trotzdem genügend Einzelelemente, zwischen denen Besucher wählen können. Selbstgesteuertes Lernen wird dadurch nicht ausgeschlossen. Der rote Faden durch die Ausstellung ermöglicht nebenbei die Anordnung der Installationen nach methodisch-didaktischen Gesichtspunkten, wie dies z.B. im Haus-des-Waldes der Fall ist.

Inszenierungen leben von Elementen mit hohen **Wiedererkennungswerten** (vgl. Kapitel 3.3). Inszenierungen in SIZen können einerseits von der Natur des Schutzgebiets profitieren, indem sie zur Inszenierung aus ihrem eigenen Potenzial an prominenten Aufhängern schöpfen. Andererseits besteht dabei die Gefahr, die Natur als simuliertes Abbild, als Illusion wiederzugeben, was den Besucher weiter von ihr entfremden kann. Eine wichtige Komponente kann bereits die architektonische Gestaltung sein, wie in Kapitel 5.2 bereits beschrieben worden ist.

Die zugrundeliegende Idee zur Lösung dieses Konflikts kann auf das Kommunikationsmodell von BRECHT zurückgeführt werden.[48] Durch Verfremdung (V-Effekt) des

---

[48] Kommunikationsmodell von Bertolt Brecht in EINSIEDEL., WOERNER (1979)

Dargebotenen wird zwischen diesem und dem Hörer, Zuschauer, Leser oder, im Fall des SIZs, dem Besucher Distanz aufgebaut. Statt vollständiger Illusion und Einfühlung soll der Besucher kritisch und reflexionsfähig bleiben.

Diese Form der Darstellung findet sich in fast allen Häusern: Ein nachempfundener Baum, der den Hauptsaal des Haus-des-Waldes dominiert, besitzt eine Krone aus Draht und großen weißen wolkenartigen Blättern. Ein zentrales Element des Hauptraums der Blumberger Mühle ist ein riesiger „zerbrochener" Wassertropfen aus Metall. Der Kinder-Erlebnisraum des Hans-Eisenmann-Hauses ist in unnatürlich wirkendem Blau und Rot gehalten und steht somit im Kontrast zur Natur des Schutzgebiets. Die Tiere sind das einzig erkennbare natürliche Element. Durch die Anonymisierung und Verfremdung der übrigen „Natur-Kulisse" konzentrieren sich die Kinder auf die Exponate. Dieses Ziel ist sehr gelungen. Trotz der spannenden Gesamtinszenierung sind im Museonder fremdartig wirkende Elemente, wie die „Fernrohre", die „Grabkammer" oder die „Hörohren" (auffällige, künstlerisch verzierte Rohre als Schallleiter zwischen Museonder und Erdoberfläche), die zum Nachdenken anregen und die perfekte Illusion vermeiden.

Das spannende **Verhältnis zwischen Erlebniswelt und Natur** des Umfelds kann ein bewusster Bestandteil der Inszenierung sein. Paradebeispiel ist das Haus-des-Waldes. Der Hauptsaal wirkt wie eine große Vitrine im Wald. Dem Besucher wird dadurch der permanente Kontrast zwischen Ausstellungselementen mit vorbestimmten geplanten Reizen und der realen Natur vor Augen geführt. Im Multimar Wattforum ergeben sich an machen Punkten gute Ausblicke über die Landschaft, die im Kontrast zum kühl wirkenden Innenraum stehen. Das SIZ Hoge Veluwe ist ebenfalls eng mit dem Außenraum verzahnt. In manchen Themen-Boxen ist der Übergang zwischen Außen- und Innenraum durch Baumstämme und Sandfelder fließend. Beim Bau des Zentrums wurden Einzelbäume integriert und das Dach um diese herumgebaut.

Der Einbezug der realen Natur in die Ausstellung kann den Unterschied zwischen dieser und der Erlebniswelt demonstrieren – vorausgesetzt, die Ausstellung hebt sich von der Natur ab.

Beeindruckende Inszenierungen können das wichtigste Instrument der Umweltbildung in SIZen sein. Nach LICHTL (2000, vgl. Kapitel 3.2.4.1) arbeitet moderne Umweltkommunikation mit Bildern, die das Zielpublikum emotional positiv berühren. Da einzelne Bilder, wie sie z.B. in der Suggestivwerbung eingesetzt werden, sachdienliche Emotionen transportieren können, verhärtet sich die These, dass dies bei eindrucksvollen Inszenierungen mindestens ebenbürtig gegeben sein kann. Aufgrund mangelnder Erfahrungen im Bereich der informellen Umweltbildung (WOHLERS 1998) ist die Erkenntnislage hierzu nur schwach ausgebildet.

5.4 Kriterium: Das SIZ soll eine Stätte informeller Umweltbildung sein

Wissensvermittlung
Die Forderung nach einer eingängigen **Kernaussage** greifen mehrere Zentren auf. Das Multimar nutzt diese „Take-Home-Botschaft" sogar als Werbung für Leistungen des Nationalparks Schleswig-Holsteinisches Wattenmeer: Forschung ist notwenig! Das Naturparkzentrum Botrange und das SIZ Hoge Veluwe verbinden ihre Kernaussage mit der Gesamtinszenierung, wobei die Qualität der Umsetzungen sehr unterschiedlich ist. Kein einziges Zentrum führt die jeweilige Schutzphilosophie als Kernaussage an – diese kann nur aus Elementen wie Karten, Infotafeln, Ton-Bild-Schauen oder Themenbüchern entnommen werden. Eine Verbindung zwischen der Kernaussage und einem eingängigen Slogan, der gut sichtbar im Zentrum und in der Kommunikation eingesetzt wird, fehlt bei jedem Zentrum. Ansätze hierfür sind lediglich bei der Blumberger Mühle vorhanden.

Hierarchische Abstufungen des Informationsgehalts sind im Museum am Schölerberg und im Multimar Wattforum am ausgeprägtesten. Im SIZ des Nationalparks Schleswig Holsteinisches Wattenmeer sind dies die Themenbücher, die auf drei Ebenen mit unterschiedlichem Grad an Information auf das jeweilige Themengebiet eingehen. Im Museum am Schölerberg befinden sich Medien, wie selbstgestaltete große Bücher, Bestimmungsbücher, Binokulare und topographische Karten, die zur tieferen Information zusätzlich zur Ausstellung dienen. Das Hans-Eisenmann-Haus verfügt über eine gut ausgestattete Fach-Bibliothek, die zur Klärung offener Fragen hilfreich ist.

Schnittstellen zum Alltag der Besucher zeigen fast alle Zentren, jedoch in sehr unterschiedlicher Ausprägung. Gerade die Ausstellung „Stadtökologie" im Museum am Schölerberg, zu sehen auf Abbildung 16, schließt an die Lebenswelt der „Osnabrücker" an. Hierin sind Teile der Innenstadt nachgebaut und ökologische Nischen hervorgehoben. Als Positivbeispiel fallen die „Wasserhähne" als Kommunikationsmedien im Museonder des Nationalparks Hoge Veluwe auf, die an den Alltag anschließen und ohne erhobenen Zeigefinger die Kostbarkeit des Wassers hervorheben. Als Negativbeispiel ist ein Element des Hans-Eisenmann-Hauses zu nennen: Durch einen Spiegel in der Ausstellung kann sich der Besucher selbst in einem Auto sehen, das bei den meisten zur täglichen Lebenswelt gehört. Die Installation verfehlt insofern ihr Ziel, als sie den Besucher an den Pranger stellt.

Leitfaden für ein SIZ 121

Abbildung 16: Sonderausstellung Stadtökologie im Museum am Schölerberg

Foto: Diepolder, Küblböck 2000

Ein wichtiges Kriterium innovativer Umweltbildung ist die **Ansprache unterschiedlicher Sinne** durch die eingesetzten Kommunikationsmedien. Gut umgesetzt wird diese Forderung im Haus-des-Waldes. Zum Einstieg dienen Sinnessäulen, die die Besucher zum Hören, Tasten und Fühlen einladen und so für das Ausstellungsthema sensibilisieren wollen. Im Multimar Wattforum fordern sowohl Themenbücher als auch Skulpturen alle Sinne der Besucher: Der mittlere „Infoabschnitt" beschränkt sich mehr auf Texte und Computersimulationen, wohingegen die kindgerechten Teile und die Skulpturen immer die Aktion des Besuchers ermöglichen. Am ausgeprägtesten ist das eigene Handanlegen im Ars-Electronica-Center, wo fast jedes Element interaktiv ausgestattet ist. Die optimale Ergänzung für die Medien in dieser Ausstellung sind die „Infotrainer", die neben dem persönlichen Gespräch zur Aktion auffordern und dadurch Schwellenängste abbauen. Monotonie herrscht im Naturparkzentrum Botrange, wo es zwischen Wandgemälden, musikalischer Untermalung und Text-Bild-Tafeln keine Abwechslung gibt.

Ein mögliches Konfliktpotenzial entsteht durch die Forderung nach einer **abgeschlossenen Inszenierung**, die einer Erlebniswelt Spannung verleiht, und dem Anspruch der Umweltbildung, **selbstgesteuerte Lernprozesse** zu ermöglichen. Das Museum am Schölerberg verzichtet auf einen vorgegeben Rundweg durch die Ausstellung, da dabei „Self-directed-learning" (vgl. Kapitel 3.2.3) zuwenig ausgeprägt stattfinden kann. Der Besucher kann nach Wahl die angebotenen Elemente wahrnehmen. Ebenso verfährt das Ars-Electronica-Center: Die dargestellten Einzelelemente in den verschiedenen Stockwerken können von den Besuchern frei gewählt werden. Die Wissensvermittlung im Haus-des-Waldes setzt den Schwerpunkt ebenfalls auf selbstgesteuerte Vorgehensweisen. Es gibt lediglich einen offenen methodisch-didaktischen Rahmen vor. Die dezente Besucherleitung der Ausstellung führt erst zu sensibilisierenden Elementen, bevor der Fokus stärker auf Wissensvermittlung gerichtet ist. Dass die Integration beider Kriterien möglich ist, zeigt das Multimar Wattforum. Die Themenbücher spannen den Rahmen für den roten Faden zur Darstellung der Notwendigkeit von Umwelt-Monitoring auf. Durch die offene Gestaltung der Halle kann je nach Interesse zwischen den Angeboten gewechselt bzw. ausgewählt werden. Im SIZ Hoge Veluwe liegt eine abgeschlossene Inszenierung vor, die die Kernaussage eindrucksvoll unterstreicht. Der Rundgang leitet die Besucher von einer Installation zur nächsten, was die Möglichkeit zur Selbststeuerung einschränkt. Dennoch erlaubt die Präsentation die Setzung unterschiedlicher Schwerpunkte, da nicht jedes Element essenzieller Bestandteil des Gesamtverständnisses ist. Durch viele kleine versteckte Exponate fordert das SIZ zum Entdecken auf.

Die bisher noch offene Frage – ob der abgeschlossenen Inszenierung oder der Möglichkeit zur Selbststeuerung Priorität eingeräumt werden soll – kann nicht pauschal beantwortet werden. Zur Klärung dieser Frage besteht weiterhin Forschungsbedarf, dem beispielsweise durch empirische Besucherstudien Rechnung getragen werden kann. Nach Interpretation des Autors überwiegen die Vorteile der abgeschlossenen Inszenierung, wenn darin zumindest Elemente enthalten sind, womit sich die Besucher je nach Interesse verschieden intensiv beschäftigen können. Dramaturgische Leitfäden und passende Raumgestaltungen wirken attraktiv, spannend und können in Anlehnung an die emotionale Umweltkommunikation (LICHTL 2000, vgl. Kapitel 3.2.4.1) zu wichtigen Informationsträgern werden.

Ein Oberziel der Wissensvermittlung bei Umweltbildungsmaßnahmen ist die **Förderung des Verständnisses von ökologischen Zusammenhängen**. Im Sonderfall des SIZs soll der Fokus der Vermittlung ökologischer Zusammenhänge darauf gerichtet sein, das Schutzgebiet anschaulich zu präsentieren. Nur dadurch kann das SIZ die sinnstiftende Mediationsfunktion zwischen Raum und Gesellschaft erfüllen. Die Kernaussagen müssen leicht verständlich sein und auf das Wesentliche abzielen. Dazu dürfen sie die Adressaten weder unter- noch überfordern. Deutliche Mängel bei der Umsetzung zeigen sich im Naturparkzentrum Botrange, im Hans-Eisenmann-Haus und in der Blumberger Mühle. Das SIZ des Deutsch-Belgischen-Naturparks stellt die Region in der Erdgeschichte dar. Wesentliche Punkte bleiben unbeachtet, wohingegen extrem fachspezifische Details ausführlich erläutert werden. Holistische Betrachtungsweisen vermittelt Botrange nicht. Das Hans-Eisenmann-Haus hingegen umfasst weite Themenfelder, die sich über die Schutzgebietsgrenzen hinaus erstrecken. Diese Chance der ganzheitlichen Vermittlung, wie sie z.B. CAPRA (siehe Kap.3.2.3) fordert, nutzt das SIZ allerdings zu wenig. Sowohl die Zusammenhänge zwischen den Einzelthemen als auch innerhalb der Themenboxen sind nicht oder nur schwer verständlich. Gerade die Darstellung der Brennpunktthemen – Waldentwicklung in den Hochlagen und internationale Stellung der Nationalparke – verfehlt ihr Ziel. Nicht einmal hochmotivierte Informationssuchende werden hier Antworten auf ihre Fragen finden. Die Dauerausstellung der Blumberger Mühle hingegen neigt zur Unterforderung ihrer Besucher, da der Informationsgehalt der Ausstellungselemente sehr bescheiden ausfällt.

Das Naturkundemuseum am Schölerberg zeigt verschiedene Strukturen der Kulturlandschaft. Die Grundaussagen der Einzelelemente sind anschaulich dargestellt. Durch das relativ lose Nebeneinander zahlreicher Elemente sei jedoch in Frage gestellt, ob die Besucher wesentliche Zusammenhänge verstehen, die zwischen den zahlreichen Elementen innerhalb der Themeneinheit und zwischen den unterschiedlichen Bereichen bestehen. Das Multimar Wattforum und das SIZ Hoge Veluwe richten den Fokus ihrer Bildungsarbeit auf die Vermittlung von Zusammenhängen. In beiden Fällen sind die Zusammenhänge Teil der Inszenierung. Das Multimar untergliedert seine hohe Informationsdichte deutlich. Die zahlreichen Botschaften führen auf die Kernaussage und somit auf ökologisches Verständnis hin. Dies erfordert vom Besucher Zeit und Engagement. In Hoge Veluwe bilden die Vermittlung von Zusammenhängen, „Story" (vgl. Kapitel 3.1.3.2) und Rahmeninszenierung eine Einheit. Die Grundaussage, dass Landschaft dreidimensional gesehen werden muss und dass alle Bereiche große Bedeutung haben, verdeutlicht das Zentrum eindringlich.

Die untersuchten Zentren zeigen verschiedene Möglichkeiten, als Kommunikationsforum zwischen Raum und Gesellschaft zu dienen und das Schutzgebiet, das sie repräsentieren, darzustellen. Aufhänger dafür sind die Genese der Landschaft (z.B. Botrange), die Abhandlung von prägenden Gliederungseinheiten der Landschaft (z.B. Museum am Schölerberg), die Präsentation übergeordneter ökologischer Themenkomplexe (z.B. Hans-Eisenmann-Haus) und der dreidimensionale Aufbau der Landschaft (z.B. Hoge Veluwe). Der Leitgedanke des Multimar Wattforums ist die Veranschaulichung der Nationalparkaufgabe Umwelt-Forschung. Alle Konzepte sind geeignet, das Thema „Raum" den Besuchern nahe zu bringen. Aufgrund fehlender Besucherstudien der Zentren und mangelnder Erfahrungen im informellen Umweltbildungsbereich (vgl. Kapitel 3.2.5) kann über den zu erwartenden Lernerfolg wenig ausgesagt werden. Die Orientierung an linearen Abfolgen, wie der Genese der Landschaft oder dem Schnitt von der Oberfläche zum Erdmantel, eignen sich gut als roter Faden für abgeschlossene Inszenierungen. Das Nebeneinander übergeordneter ökologischer Komplexe hingegen, ohne unmittelbaren Landschaftsbezug, kann zur Überforderung der Besucher führen. Die Präsentation des Raums verliert enorm an Anschaulichkeit.

Einstellungen:
Das Wecken positiver Emotionen ist eine der eindringlichsten Anforderungen an die SIZen. Diese Forderung lässt sich sowohl aus den Erfolgsrezepten der Erlebniswelten als auch aus dem Instrumentarium der Umweltbildung ableiten. Vermitteltes Wissen muss mit **positiven Emotionen** besetzt werden, damit es von den Besuchern als wichtig eingestuft wird und so über die Meinung zur Einstellung wird (vgl. Kapitel 3.2.1). Wie das Unterkapitel – Kriterium: Abgeschlossene Inszenierungen unter Berücksichtigung von Umweltbildungszielen – zeigt, eignen sich abgeschlossene und stimmige, jedoch verfremdete Inszenierungen gut dazu, Gefühle und Reflexionsvermögen der Besucher anzusprechen. Inszenierungen können die vermittelten Inhalte zur Einstellungsänderung „reifen" lassen. Vermeidbare Dissonanzen zum hier entwickelten Kriterienkatalog zeigen sich im Hans-Eisenmann-Haus. Alle Themenboxen beinhalten apokalyptisch anmutende Negativszenarien, die alle potenziellen Positivstimmungen überlagern können. Die Ausstellungsgestalter verfehlen somit eines ihrer expliziten Kernziele, dem Besucher ein positives Erlebnis zu vermitteln. Durch die geringe Aussagekraft der Ausstellung gehen auch von der Blumberger Mühle kaum Impulse aus, die als Vorbild dienen könnten, wie sich Einstellungen zur Natur positiv beeinflussen lassen. Lediglich das Regionalpoly (vgl. Kapitel 4.3) fordert zum Perspektivwechsel auf und kann als Planspiel positive Akzente zum eigenen umweltbewussten Handeln setzen.

Die Forderung, **technischen Fortschritt** zu bejahen, setzt z.B. das Museum am Schölerberg um, indem zwei potenzielle Entwicklungen einer ländlichen Region gegenübergestellt werden. Innovative Infrastrukturmaßnahmen und ökologische Bereicherung der Kulturlandschaft schließen sich nicht aus.

Bei der Umweltbildung kommt dem **Lehrenden** große Bedeutung zu, da dieser an seinen Botschaften gemessen wird. Der ökologische Umgang mit der Natur muss für eine Umweltbildungsstätte selbstverständlich sein. Manche Zentren verfügen über eine vorbildliche Baubiologie und Installationen zur Energieeinsparung. Lediglich in Hoge Veluwe ist dieses Bemühen ein eigener Bestandteil des Ausstellungskonzepts. Bei den anderen Zentren ist der Bereich als ruhendes Potenzial zu bewerten.

5.5 Kriterium: Zielgruppendifferenzierung und -orientierung

Aus den kultursoziologischen Veränderungen der letzten Jahre resultiert eine grundlegende Forderung: Die Besucher dürfen nicht als graue Masse aufgefasst werden, sondern sind als unterschiedliche Gruppen mit spezifischen Ansprüchen anzusprechen.

Das Naturparkzentrum Botrange hat bei der Planung Zielgruppenorientierung am exaktesten und spezifischsten von allen Häusern berücksichtigt und auf Studierende der Geowissenschaften eingegrenzt. Nach eigenen Beobachtungen und auf Basis der Gespräche mit Mitarbeitern des Hauses ist dieses Konzept – als SIZ – als gescheitert anzusehen. Das Naturparkzentrum verfehlt die sinnstiftende Aufgabe, Mediator zwischen Raum und Gesellschaft zu sein. Die Ausstellung geht an den tatsächlichen Besuchern vorbei, da das eigentliche Zielpublikum viel zu klein ist.

Das Haus-des-Waldes will vor allem Kinder und Familien ansprechen, was durch das Angebot möglich ist.

Alle anderen Häuser haben keine spezielle Zielgruppe im Visier und wollen sich an alle Besucher richten. Die Differenzierung zwischen verschiedenen Gruppen erfolgt innerhalb des Zentrums, wobei sich drei prinzipiell unterschiedliche Ausprägungen zeigen. Alle drei Möglichkeiten können sich als geeignet erweisen, ganz besonders dann, wenn sie parallel auftreten.

Das Hans-Eisenmann-Haus, das Museum am Schölerberg, das oberirdische Besucherzentrum Hoge Veluwe und das Multimar Wattforum bieten **innerhalb** von Themeneinheiten Elemente **unterschiedlichen Anspruchs** und unterschiedlicher Aussagekraft, die für differenzierte Zielgruppen geeignet sind. Die Schwerpunkte unterscheiden sich jedoch. Vorbildlich ist die Umsetzung familienpädagogischer Forderungen im Multimar Wattforum. Anhand der dreigeteilten Themenbücher können Familien Inhalte und Emotionen im Dialog gemeinsam erfahren.

Eine weitere Möglichkeit von Zielgruppendifferenzierung, die in den untersuchten Zentren praktiziert wird, ist die **räumliche Segregation** der Angebote. Diese ist eng mit der Angebotsvielfalt verbunden. Niveauvolle Restaurants, Shops, Kunstausstellungen oder Zusatzangebote wie Aquarien bieten auch „Verweigerern" von Umweltbildungsangeboten Zugangsmöglichkeiten. Informationshungrigen kann eine gut ausgestattete Fach-Bibliothek wie im Hans-Eisenmann-Haus große Dienste erweisen. Im Ars-Electronica-Center sind elektronische Kunstwerke und der Computerpool mit Internet-Zugang auf verschiedenen Stockwerken untergebracht. Das Multimar Wattforum und das Hans-Eisenmann-Haus haben einen speziellen Erlebnisraum für Kinder. Die Lage des Raums innerhalb des Hauses erscheint im Multimar Wattforum als vorteilhafter, da sich durch seine Nähe zur offenen Ausstellungshalle Eltern und Kinder in Sekundenschnelle wiederfinden können.

Die dritte praktizierte Möglichkeit ist die Verwendung von Einzelelementen und die Erstellung von Gesamtkompositionen, die für **verschiedene Besuchergruppen verschiedene Aussagekraft** haben können. Das Haus-des-Waldes setzt diese Möglichkeit, nach Angaben der Hausleitung, bewusst ein. Beispiel hierfür ist eine „Schublade" in einem Baum, die den Querschnitt des Stammes zeigt. Laien können über die Komplexität staunen, Fachleute können ihr Wissen durch die konkrete Darstellung im Maßstab 1:1 vertiefen. Paradebeispiel für die scheinbar paradoxe differenzierte Zielgruppenansprache anhand des selben Angebots ist das Museonder des SIZs Hoge Veluwe. Während eher defensiv agierende Besucher (vgl. Kapitel 4.4) über die Architektur und die verschiedenen Elemente staunen können, erleben offensiv handelnde Besucher die Ausstellung als Gesamtkomposition.

6 Schlussbetrachtung und Ausblick

In Deutschland bestehen aktuell über 13 Nationalparke, 14 Biosphärenreservate und 92 Naturparke. Nach JOB (1994) verfügen davon 42% über Informationszentren. Im Rahmen der Recherchen für die Auftragsarbeit an das Büro DIEPOLDER, auf der die vorliegende Untersuchung basiert, ergab sich, dass derzeit in Deutschland acht SIZen in Bau sind. Der jeweils erwartete Besucherzuspruch schwankt zwischen 50.000 und 150.000 Personen pro Jahr. Diese Entwicklung zeigt, dass SIZen immer mehr zu wichtigen Bausteinen von Schutzgebietskonzepten werden. Die in vorliegender Arbeit versuchte Entwicklung eines Leitfadens für ein SIZ will den Anstoß geben, über neue Konzepte nachzudenken, wie die Rolle von SIZen

- als Kommunikationsforen zwischen Raum und Gesellschaft,
- als Stätten informeller Umweltbildung und
- als touristische Highlights

in Zukunft an Bedeutung gewinnen kann.

Der erste Schritt zur Erreichung dieser Ziele kann eine verstärkte Zusammenarbeit zwischen den Schutzgebietsverwaltungen sein, die zur gemeinsamen Koordinierung und Bündelung zukünftiger Aktivitäten führt. Statt einem Nebeneinander von Ideen kann die gemeinsame Diskussion neue Akzente setzen.

Außer den Schutzgebietsverwaltungen, die häufig ein umfassendes endogenes Potenzial an breitgefächertem fachlichen Know-how haben, sollen in die Diskussion weitere Vertreter aus dem Bereich „Informelle Umweltbildung" und Spezialisten aus dem Sektor der Erlebniswelten integriert werden. Die Ergebnisse der Diskussion können zur Formulierung allgemein akzeptierter Zielen über SIZen führen. Dieser Konsens könnte die erste Stufe zur Entwicklung von **Standards** sein. Auch im „Nationalpark-Plan" amerikanischer Nationalparke sind allgemeine Standards für „visitors centers" verankert. Diese sind zwar nicht sehr weitreichend, jedoch für alle „National Parks" verbindlich. Darin enthalten sind die Forderungen, Informationen sowohl in personeller als auch in audiovisueller Form zur Verfügung zu stellen und in einem integrierten Laden „*a wide range of quality park-related educational items at fair market value*" anzubieten (www.nps.gov 8/2000).

Der zweite Schritt ist die Weiterentwicklung der Standards in Anlehnung an die **McDonaldisierungstheorie** von RITZER (vgl. Kapitel 3.1.2). Damit ist auf keinen Fall die Gleichschaltung aller SIZen gemeint oder die Einführung hyper-effizienter Methoden bei der Information am Schalter bzw. beim Betrieb des integrierten Restaurants.

Durch die Einführung von Standards kann jedoch ein Netzwerk von Zentren entstehen, die sowohl Impulse für die Umweltkommunikation als auch für den Tourismus in Deutschland setzen können. Das „McDonaldisierte" SIZ kann als Basismodell mit vorgegebener Grundausstattung fungieren. Durch die regionalspezifischen Besonderheiten kultur- und naturräumlicher Strukturen und Prozesse in jedem Schutzgebiet ergeben sich individuelle Möglichkeiten der Weiterverarbeitung. Durch McDonaldisierungsprozesse in SIZen entstehen sowohl für die In-Wertsetzung touristischer Potenziale als auch für den Bildungsauftrag der Schutzgebiete folgende Vorteile:

Aus dem Blickwinkel des Tourismus- und Freizeitstandorts Deutschland:

- Durch eine gemeinsame Identität von SIZen entsteht auf dem Markt der Erlebniswelten eine „neue Marke" mit eigenen Symbolen, die im Paket erlebnisrational beworben werden kann.
- Die daraus resultierende zunehmende Produktsicherheit garantiert den Besuchern einen gewissen Grad an Vorhersagbarkeit, die STEINECKE (1997) und RITZER (1998) als Garanten touristischen Erfolgs sehen.
- Im Zuge der Forderung nach Entwicklung einer marktorientierten Produktlinie bzw. Dachmarke: „Schutzgebietstourismus" (DIEPOLDER, *dwif* 2000) können durch SIZen weitverbreitet neue attraktive Stars im touristischen Angebot Deutschlands entstehen.

Aus dem Blickwinkel der „*epochalen*" Aufgabe Umweltbildung (vgl. LOB 1997, S. 7):

- Deutschlandweit kann ein flächendeckendes Netzwerk informeller Umweltbildungsstätten entstehen, die durch ihre Attraktivität und durch Zusatzangebote eine hohe Anzahl von Adressaten erreichen können.
- Informeller Umweltbildung fehlt es an Erfahrungen (WOHLERS 1998). Über die im Rahmen der vorliegenden Arbeit vorgeschlagene Vernetzung von SIZen können durch den Erfahrungsaustausch Methoden entwickelt werden, wie die Effizienz informeller Umweltbildung gesteigert werden kann.
- Als Beitrag zur epochalen Aufgabe Umweltbildung können durch erfolgreiche SIZen neue „Trendsetter" entstehen, die das Phänomen Umwelt im Allgemeinen und Großschutzgebiete im Besonderen wieder verstärkt in den Blickpunkt öffentlichen Interesses rücken.

Der Leitfaden für SIZen kann als Diskussionsgrundlage für die Entwicklung des angedachten „Basismodells" dienen. Folgende Thesen können den Ausgangspunkt dazu bilden.

Schlussbetrachtung und Ausblick

Angebotspalette
- Zur Beantwortung individueller Fragen sind mit Servicepersonal besetzte Info-Counter unverzichtbare Bestandteile. Diese sollten im jedem SIZ zu finden sein.
- Mit Cafés oder Restaurants können auch ausgedehnte Aufenthalte angenehm gestaltet werden. Das Angebot regionaltypischer Speisen, die mit ökologisch erwirtschafteten Zutaten zubereitet werden, soll ein fester Bestandteil des Grundmodells sein. Neben der Förderung regionaler Wirtschaftsstrukturen und der Unterstützung der eigenen Schutzkonzepte entstehen Gaststätten mit vorhersagbaren, qualitativ hochwertigen Produkten.
- SIZen können sich als Veranstaltungsorte mit unterschiedlichem Programm profilieren.

Architektur
- Die Architektur soll attraktiv und auffällig sein und sich an Elementen aus der Natur orientieren.
- Eine vorbildliche ökologische Bauweise soll ebenfalls zur Grundausstattung von Umweltbildungsstätten gehören.

Inszenierung
- Der Ausstellungsteil von SIZen soll über eine spannende, abgeschlossene Inszenierung verfügen.
- Im Zuge dieser Darstellungsform sollen die hohen Wiedererkennungswerte der Natur in Szene gesetzt werden. Verfremdung soll potenzieller Entfremdung entgegenwirken.

Wissens- und Einstellungsvermittlung
- Die Vermittlung positiver Emotionen steht im Vordergrund der Ausstellung.
- Die Förderung ökologischen Verständnisses gehört zum Auftrag von SIZen. Aufgrund der sinnstiftenden Kommunikationsfunktion soll dabei der Raum des Schutzgebiets im Vordergrund stehen.
- Umweltprobleme sollen nicht aus der Erlebniswelt verbannt werden.

Zielgruppenorientierung
- Die Zielgruppenansprache soll breit angelegt sein.
- Die notwendige Zielgruppenorientierung soll innerhalb der Einrichtung geschehen.

Trotz der hier vorgeschlagenen Basisvorgaben gilt als übergreifendes Ziel, dass der typische Charakter eines jeden Schutzgebiets in den jeweils dazugehörigen SIZen in besonderer Weise zur Geltung kommen muss.

7 Tipps für den Besuch im SIZ

...nutzen Sie das SIZ als Informationsquelle
SIZen wollen zwischen Gesellschaft und Raum vermitteln. Nutzen Sie diese Dienstleistung. Gerade im Urlaub, wenn das Ziel neu und die Angebote unbekannt sind, kann ein Gespräch am Info-Counter viele wertvolle Tipps liefern. Scheuen Sie sich nicht, am SIZ vorbeizuschauen oder anzurufen, wenn Sie spezielle Fragen über den Raum haben. Häufig arbeiten hinter den Kulissen hochqualifizierte Mitarbeiter, die sich seit Jahren intensiv mit der Region auseinandersetzen. Gut ausgestattete Bibliotheken warten darauf, genutzt zu werden.

...setzen Sie sich tiefgehend mit den Angeboten auseinander
Konsumieren Sie ein SIZ nicht wie eine Tafel Schokolade. Die Angebote wurden von Menschen gemacht, die ausgebildet sind und sich viel Mühe gegeben haben, Botschaften und Erlebnisse zu vermitteln. Lassen Sie nicht die Ausstellung einfach auf Sie einprasseln. Nehmen Sie sich Zeit, denken Sie nach, lesen Sie die Texte, hinterfragen Sie die Botschaften und versuchen Sie, den Sinn hinter den Aussagen zu verstehen.

...nachfragen, falls Ihnen fachliche Aussagen nicht klar sind
Falls Sie trotz Nachdenken nicht mit Teilbereichen oder der ganzen Ausstellung klar kommen, fragen Sie nach. Scheuen Sie auch als Ökologie-Laie nicht den Weg zum Info-Counter. Sie gehören zum Zielpublikum! SIZen sind keine Plattformen, wo sich primär Spezialisten austauschen. Lassen Sie sich den Sinn erklären. Nur über das Feedback der Besucher erfahren die Ausstellungsgestalter, ob sie ihr Ziel, sprich „Sie" erreicht haben.

...benutzen Sie das Besucherbuch
Neben Fragen über Unklarheiten freuen sich die Menschen hinter den Kulissen natürlich auch über Lob. Dazu finden sich häufig Besucherbücher in der Ausstellung. Nutzen Sie diese Chance.

...fragen Sie im Café, Restaurant und Laden nach ökologisch vorbildlichen Produkten
SIZen sind Lehrende der Umweltbildung. Wer Menschen dazu bewegen will, sich für eine bessere Umwelt einzusetzen, hat die Aufgabe, Vorbild zu sein. Fragen Sie nach Herkunft und Fertigung der Produkte in den Läden und Restaurants. Beschweren Sie sich, falls hier ökologische Mängel offensichtlich sind.

...besuchen Sie Führungen und Sonderveranstaltungen
Häufig bieten SIZen z.T. kostenlose hochklassige Angebote wie Führungen durchs Haus, Vorträge, Diashows, Kleinkunst, Kunstausstellungen, Vernissagen etc. Diese Angebote sind nicht nur von Insidern für Insider. Falls Sie auf eine Ankündigung auf-

merksam werden, schauen Sie vorbei, ganz egal ob, Sie im Urlaub sind oder ob es sich um das SIZ in der Nähe handelt. Großschutzgebiete leben von ihrer Integration in der Bevölkerung.

...besuchen Sie SIZen in ihrer Nähe
SIZen sind nicht nur für Touristen da. Das Kommunikationsforum zwischen Raum und Gesellschaft zielt ganz besonders auf die Menschen, die tagtäglich in oder in der Nähe des Schutzgebiets leben. Nutzen Sie die Kommunikationsmöglichkeit auch oder gerade, wenn Sie die Arbeit der Schutzgebietsverwaltung kritisch betrachten. Auch im Umfeld der Großstädte finden sich SIZen oder ähnliche Einrichtungen, die häufig wenig bekannt sind. Ein Ausflug lohnt sich allemal.

Abbildungs- und Tabellenverzeichnis

Abbildung 1:	SIZen als Mediatoren zwischen Gesellschaft und Raum
Abbildung 2:	Umweltrelevantes Verhalten (Modell von FIETKAU und KESSEL)
Abbildung 3:	Teilüberblick über die Ausstellung des Museonders
Abbildung 4:	Teilüberblick über die Ausstellung der Blumberger Mühle
Abbildung 5:	Teilüberblick über die Ausstellung des Hans-Eisenmann-Hauses
Abbildung 6:	Teilüberblick über die Ausstellung des Haus-des-Waldes
Abbildung 7:	Außenansicht des Multimar Wattforums
Abbildung 8:	Foyer des Naturparkzentrums Botrange
Abbildung 9:	Der „Humphrey" im Ars-Electronica-Center
Abbildung 10:	Märchenwand im Haus-des-Waldes
Abbildung 11:	Binokular-Ecke im Museum am Schölerberg
Abbildung 12:	Erlebnisraum für Kinder im Hans-Eisenmann-Haus
Abbildung 13:	Themenbuch im Multimar Wattforum
Abbildung 14:	Modell des Besucherzentrums im Nationalpark Hoge Veluwe
Abbildung 15	Außenansicht der Blumberger Mühle
Abbildung 16	Sonderausstellung Stadtökologie im Museum am Schölerberg
Tabelle 1	Die untersuchten Zentren auf einen Blick

Literaturverzeichnis

ANFT, M. (1993): Flow. In: HAHN, H., KAGELMANN, H.-J. (Hrsg.) (1993): Tourismuspsychologie und Tourismussoziologie. München, S.142-147

ARS-ELECTRONICA-CENTER (1999): AEC – Wegweiser. Linz (Infobroschüre)

AUGÉ, M. (1995): Non-Places, Introduction to an anthropology of supermodernity. London, New York

BEA, F.X., DICHTL, E., SCHWEITZER, M. (Hrsg.) (2000): Allgemeine Betriebswirtschaftslehre. Band 1: Grundfragen Stuttgart

BÄTZ, U., HERING S. (1997): Lust auf Schokolade – Neues von der Schokoladenseite der Kölner Museen. In: STEINECKE, A., TREINEN, M. (Hrsg.) (1997): Inszenierungen im Tourismus. Trier, S. 155-173

BECK, U. (1986): Risikogesellschaft – Auf dem Weg in eine andere Moderne. Frankfurt am Main

BECKER, P., HÖCKLIN, S. (1996): Museumsmanagement. In: DREYER, A. (1996) (Hrsg.): Kulturtourismus. München

BELL, P.A., FISHER, J.D., BAUM, A., GREENE, T.C. (1996): Environmental Psychology. Fort Worth

BEYERSDORF M., MICHELSEN, G., SIEBERT, H. (Hrsg.) (1998): Umweltbildung. Neuwied, Kriftel

BLUMBERGER MÜHLE (Hrsg.) (1997): Die Blumberger Mühle. Angermünde (Infobroschüre)

CORNELL, J.B., (1979): Mit Kindern die Natur erleben. Soyen

DANILOV, V.J. (1991): Corporate Museum, Galleries and Visitors Centers. New York, Westport, London

DEHAAN, G., KUCKARTZ, U. (1998): Umweltbildung und Umweltbewusstsein. Opladen

DE HOGE VELUWE (1994): Het Nationale Park De Hoge Veluwe. O.O. (Infobroschüre)

DELFGAAUW, B (1966): Philosophie im 20. Jahrhundert. Freiburg et al.

DIEPOLDER, U. & DWIF (2000): Die Entwicklung des Tourismus in Großschutzgebieten – Bestehende Rahmenbedingungen, Folgen, Chancen, Gestaltungsmöglichkeiten und Konflikte. Hohenau, Berlin (unveröffentlicht)

DIEPOLDER, U. (1997): Zustand der deutschen Nationalparke im Hinblick auf die Anforderungen der IUCN. Dissertation, TU-München

DOGTEROM, J., SIMON, M. (1997): Ferienzentren 2015. In: STEINECKE, A., TREINEN, M. (Hrsg.) (1997): Inszenierungen im Tourismus. Trier, S. 118-127

DREYER, A. (1996): Kulturtourismus. München

DÜRR, C. (1992): Biologieunterricht im Museum. Frankfurt am Main

EBERT, R. (1998): Vergnügungsparks: Das ist ja besser als eine Weltreise. In: HENNINGS, G., MÜLLER, S. (Hrsg.) (1998): Kunstwelten. Dortmunder Beiträge zur Raumplanung, S. 191ff

EINSIEDEL, W., WOERNER, G. (Hrsg.)(1979): Kindlers Literaturlexikon. Zürich

ENZENSBERGER, H.M. (1958): Vergebliche Brandung der Ferne. In: Merkur, 12. Jahrgang, 8. Heft, August 1958

FABIAN, P. (1992): Atmosphäre und Umwelt. Berlin et al.

FICHTNER, U. (1997): Freizeitparks – traditionell inszenierte Freizeitwelten vor neuen Herausforderungen? In: STEINECKE, A., TREINEN, M. (Hrsg.) (1997): Inszenierungen im Tourismus. Trier, S. 78-97

FISCHER, M., HELLBRÜCK, J. (1999): Umweltpsychologie. Göttingen et al.

FRANCK, J., PETZOLD, S., WENZEL, C.-O. (1997): Freizeitparks, Ferienzentren, Virtuelle Attraktionen – die Ferien- und Freizeitwelt von morgen. In: STEINECKE, A., TREINEN, M. (Hrsg.) (1997): Inszenierungen im Tourismus. Trier, S. 174-187

FLIEGENSCHNEE, M., SCHELAKOVSKY, A. (1998): Umweltpsychologie und Umweltbildung. Wien

GREENPEACE (Hrsg.) (1995): Neue Wege in der Umweltbildung. Hamburg

HAHN, H., KAGELMANN, H.-J. (Hrsg.) (1993): Tourismuspsychologie und Tourismussoziologie. München

HAMMERSTEIN, K., HAWRANEK, D., VEHLEWALD, H.J. (2000): Konjunktur für Besserwisser. In: Der Spiegel, Heft 24/2000, S. 90-94

HASSE, J. (1998): Das künstliche Paradies. In: ISENBERG, W. (Hrsg.) (1998): Kathedralen der Freizeitgesellschaft. Bensberg,, S. 168-173

HEIDORN, F. (1993): Umweltbildung in der Risikogesellschaft. Oldenburg

HENNINGS, G., MÜLLER, S. (Hrsg.) (1998): Kunstwelten. Dortmunder Beiträge zur Raumplanung

HRADIL, S. (1987): Sozialstrukturanalyse in einer fortgeschrittenen Gesellschaft. Opladen

IUCN (1994): Guidelines for Protected Area Management Categories. Gland (CH)

JOB, H. (1994): Naturschutz-Informationszentren in deutschen und europäischen Großschutzgebieten. In: Geographische Rundschau 46 (1994) Heft 3, S. 167-171

KAGELMANN, H.-J. (1998): Erlebniswelten: Grundlegende Bemerkungen zum organisierten Vergnügen. In: RIEDER, M. BACHLEITNER, R., KAGELMANN, H.-J. (Hrsg.) (1998): Erlebniswelten. München, S. 58-94

KAGELMANN, H.-J. (1993): Themenparks. In: HAHN, H., KAGELMANN, H.-J.(Hrsg.) (1993): Tourismuspsychologie und Tourismussoziologie. München, S. 407-415

KIRCHBERG, V. (2000): Die McDonaldisierung deutscher Museen. In: Tourismus Journal, Heft 1, Band 4/2000, S. 117-144

KLEIN, H.-J. (1998): Evaluation für besucherorientierte Einrichtungen. In: SCHER, M.A. (Hrsg.) (1998): Auf dem Weg zur effektiven Ausstellungsgestaltung – Umweltausstellungen und ihre Wirkung. Oldenburg, S. 19-35

KÖNIG, G. (1998): Kindermuseen in den USA. Manuskript zu einem Vortrag im Rahmen des Seminars „Von der Vitrine zur Virtual Reality" vom 19.-20.11. 1998 in der Alfred Töpfer Akademie in Schneverdingen

KUCKARTZ, U. (1998): Umweltbewußtsein und Umweltverhalten. Berlin et al.

LAUBENTHAL, M. (1999): Besucher-Informationszentren in Deutschland – Typisierung, Angebots- und Nachfragestrukturen, sowie neue Herausforderungen an das Leistungsspektrum vor dem Hintergrund eines erlebnisorientierten Freizeitverhaltens. München (unveröffentlichte Diplomarbeit)

LICHTL, M. (2000): Ecotainment: Die großen Gefühle für ein besseres Umweltverhalten. In: STEINECKE, A. (Hrsg.) (2000): Erlebnis- und Konsumwelten. München, Wien

LOB, E. (1997): 20 Jahre Umweltbildung in Deutschland – eine Bilanz. Köln

MCCANELL, D. (1976): The Tourist: A new theory of the leisure class. New York

MICHELSEN, G. (1998a): Umweltpolitik und Umweltbildung. IN: BEYERSDORF, M., MICHELSEN, G. UND SIEBERT, H. (1998) (Hrsg.): Umweltbildung. Neuwied, Kriftel, S.13-20

MICHELSEN, G. (1998b): Theoretische Diskussionsstränge in der Umweltbildung. In: BEYERSDORF, M., MICHELSEN, G. UND SIEBERT, H. (1998) (Hrsg.): Umweltbildung. Neuwied, Kriftel, S. 61-65

MOERS, G., WOLLNY-GOERKE, K. (Hrsg.) (1999): Multimar Wattforum: "Geheimnissen auf der Spur". Tönning

MORASCH, L. (1998): Neue Wege im Tourismus. In: ISENBERG, W. (Hrsg.) (1998): Kathedralen der Freizeitgesellschaft. Bensberg, S. 51-57

NATIONALPARKVERWALTUNG BERCHTESGADEN (1994): Nationalpark-Haus im Franzis-kanerkloster Berchtesgaden. Berchtesgaden

OPASCHOWSKI, H.W. (1995): Freizeitökonomie. Opladen

OPASCHOWSKI, H.W. (1997): Einführung in die Freizeitwissenschaft. Opladen

OPASCHOWSKI, H.W. (1998): „Wir schaffen Glückseligkeit". In: ISENBERG, W. (Hrsg.) (1998): Kathedralen der Freizeitgesellschaft. Bensberg, S.11- 34

PAATSCH, U. (1999): Umweltausstellungen besuchergerecht gestalten. Manuskript zu einem Vortrag im Rahmen des Seminars „Von der Vitrine zur Virtual Reality" vom 19.-20.11.1998 in der Alfred Töpfer Akademie in Schneverdingen

PAPASTEFANOU, C. (1989): Die Bedeutung der Familie für die kognitive Entwicklung von Kindern. In: PAETZOLD, B., FRIED, L. (1989): Einführung in die Familienpädagogik. München, S. 165-181

POPP, D. (1999): Die wirtschaftliche Bedeutung von Großschutzgebieten – Beispiele aus dem In- und Ausland. Manuskript zum Referatsbeitrag bei der Tagung Naturschutz und Tourismus am 12 November 1999 in Husum

PUYDEBAT, J.-M. (1997): Die „Voyage au Temps des Impressionistes" – eine Multimedia-Attraktion für Kulturtouristen. In: STEINECKE, A., TREINEN, M. (Hrsg.) (1997): Inszenierungen im Tourismus. Trier, S. 149-154

REINHOLD, G. (1997): Soziologie-Lexikon. München

RIEDER, M., BACHLEITNER, R., KAGELMANN, H.-J. (Hrsg.) (1998): Erlebniswelten. München

RITZER, G. (1997a): Die McDonaldisierung der Gesellschaft. Frankfurt am Main

RITZER, G. (1997b): Postmodern social theory. New York et al

RITZER, G. (1998): The McDonaldization thesis. London

ROMEISS-STRACKE, F. (1998a): Tourismus gegen den Strich gebürstet. München

ROMEISS-STRACKE, F. (1998b): Was haben Sie gegen künstliche Paradiese. In: ISENBERG, W. (Hrsg.) (1998): Kathedralen der Freizeitgesellschaft. Bensberg, S. 175ff

ROTH, P. (1993): Kommunikationspolitik im Tourismus. In: HAHN, H.-J., KAGELMANN, H.-J. (Hrsg.) (1993): Tourismuspsychologie und Tourismussoziologie. München, S. 433-436

SACK, R.S. (1992): Place, Modernity and the consumers world. Baltimore, London

SCHELLNHUBER, H.J., VON BLOH, W. (1993): Homöostase und Katastrophe: Ein geophysiologischer Zugang zur Klimawirkung. In: SCHELLNHUBER, H.J. STERR, W. (Hrsg.) (1993): Klimaänderung und Küste. Berlin et al.

SCHEMM, V., UNGER, K. (1997): Die Inszenierung von ländlichen Tourismusregionen: Erfahrungen aus touristischen Kampagnen in Ostbayern. In STEINECKE, A., TREINEN, M. (Hrsg.) (1997): Inszenierungen im Tourismus. Trier, S. 30-46

SCHER, M. A. (Hrsg.) (1998): Auf dem Weg zur effektiven Ausstellungsgestaltung – (Umwelt-) Ausstellungen und ihre Wirkung. Oldenburg

SCHER M. A. (1998): Lebensraum Stadt - Stadtökologie am Beispiel Osnabrück. In: SCHER, M. A. (Hrsg.) (1998): Auf dem Weg zur effektiven Ausstellungsgestaltung – (Umwelt-) Ausstellungen und ihre Wirkung. Oldenburg, S. 128-139

SCHOBER, R. (1993): (Urlaubs-) Erleben, (Urlaubs-) Erlebnis. In: HAHN, H., KAGELMANN, H.-J. (Hrsg.) (1993): Tourismuspsychologie und Tourismussoziologie. München, S. 137-147

SCHROEDER, G. (1998): Lexikon der Tourismuswirtschaft. Hamburg

SCHULZE, G. (1993): Entgrenzung und Innenorientierung. Eine Einführung in die Theorie der Erlebnisgesellschaft. In: Gegenwartskunde 4/93, S. 405-419

SCHULZE, G. (1997): Die Erlebnisgesellschaft. Frankfurt am Main

SIEBERT, H. (1998a): Das Menschenbild der Umweltbildung. In: BEYERSDORF, M., MICHELSEN, G. UND SIEBERT, H. (1998) (Hrsg.): Umweltbildung. Neuwied, Kriftel, S. 66-74

SIEBERT, H. (1998b): Self-directed learning. In: BEYERSDORF, M., MICHELSEN, G. UND SIEBERT, H. (1998) (Hrsg.): Umweltbildung. Neuwied, Kriftel, S. 94-98

SIEBERT, H. (1998c):Ökologisch denken lernen. In: BEYERSDORF, M., MICHELSEN, G. UND SIEBERT, H. (1998) (Hrsg.): Umweltbildung. Neuwied, Kriftel, S. 84-94

SIMANTKE, A. (1997): „Ein Nationalpark im Umbruch", Der Nationalpark Bayerischer Wald und seine Erweiterung – ein Akzeptanzproblem? unveröffentlichte Diplomarbeit an der Universität Mainz

STEINECKE, A., TREINEN, M. (Hrsg.) (1997): Inszenierungen im Tourismus. Trier

STEINECKE, A. (1997): Inszenierungen im Tourismus: Motor der künftigen touristischen Entwicklung. In: STEINECKE, A., TREINEN, M. (Hrsg.) (1997): Inszenierungen im Tourismus. Trier, S. 7-17

STEINECKE, A. (Hrsg.) (2000): Erlebnis- und Konsumwelten. München, Wien

UMWELTSTIFTUNG WWF-DEUTSCHLAND (Hrsg.) (1999): Nationalparke- Bundesweite EMNID-Umfrage Mai 1998. In: WWF-Reihe Nationalparke 7, Seite 33-44.

WANG, N. (2000): Tourism and Modernity. Amsterdam et al.

WERLEN, B. (1993): Gibt es eine Geographie ohne Raum? In: Erdkunde, Band 47, Heft 4, 12/1993, S. 241-253

WERLEN, B. (1995): Landschaft, Raum, Gesellschaft. In: Geographische Rundschau, 47 (1995), Heft 9

WERLEN, B. (1999): Zur Ontologie von Gesellschaft und Raum. Sozialgeographie alltäglicher Regionalisierungen I. Stuttgart

WEYER, M. (1998a): Ausstellungen zur Umweltbildung. In: SCHER, M. A. (Hrsg.) 1998): Auf dem Weg zur effektiven Ausstellungsgestaltung – (Umwelt-) Ausstellungen und ihre Wirkung. Oldenburg, S. 57 - 73.

WEYER, M. (1998b): Didaktisch –praktisch – gut. Ausstellungen in den USA. Manuskript zu einem Vortrag im Rahmen des Seminars „Von der Vitrine zur Virtual Reality" vom 19.-20.11. 1998 in der Alfred Töpfer Akademie in Schneverdingen

WIDMANN, S. (1997): Inhaltliche und mediale Konzeption einer Ausstellung über Vernetzungen im Ökosystem Wald für das Hans-Eisenmann-Haus des Nationalparks Bayerischer Wald. Unveröffentlichte Diplomarbeit an der LMU München

WÖHLER, K.H. (2000): Konstruierte Raumbindungen. Zwischen Authentizität und Inszenierung. In: Tourismus Journal, Heft 1, Band 4/2000, S. 103-116

WOHLERS, L. (1998): Informelle Umweltbildung. In: BEYERSDORF, M., MICHELSEN, G. UND SIEBERT, H. (1998) (Hrsg.): Umweltbildung. Neuwied, Kriftel, S. 206-218

ZIMBARDO, P. G. (1992): Psychologie. Berlin et al.

Mündliche Quellen

ADRIAN-KUNZE, P. (2000): Lust am Entdecken – Science Center Wolfsburg. Vortrag im Rahmen der Studienkonferenz: Entdecken, Staunen, Lernen – Naturwissenschaftlich Technische Erlebniswelten, am 21.03 2000 in der Thomas Morus Akademie in Bensberg

BEUDERT, B. (1997): Situation der Hochlagenwälder im Nationalpark Bayerischer Wald. Vortrag im November 1997 in St. Oswald

MORASCH, L. (1998): Virtuelle Welten: neue Wege des Spielens und der Entfaltung von Phantasie. Vortrag zum Eichstätter Tourismusgespräch, November 1998

Schlussdiskussion der Studienkonferenz: „Entdecken, Staunen, Lernen – Naturwissenschaftlich-Technische-Erlebniswelten" am 21.03.2000 der Thomas-Morus-Akademie in Bensberg

Anhang

Internet-Quellenverzeichnis

Ars-Electronica-Center (Hrsg.) (2000): www.aec.at (9/2000)
Bayerischer Staatsministerium für Ernährung Landwirtschaft und Forsten (Hrsg.) (2000): www.nationalpark-bayerischer-wald.de (9/2000)
Haus-des-Waldes, Stuttgart (Hrsg.) (2000): www.hausdeswaldes.de (9/2000)
Multimar Wattforum, Tönning (Hrsg.) (2000): www.multimar-wattforum.de (9/2000)
Nationalpark DeHoge Veluwe (Hrsg.) (2000): www.hogeveluwe.nl (9/2000)
Naturpark Hohes Venn-Eifel (Hrsg.) (2000): www.hohesvenneifel.naturpark.de (9/2000)
Naturschutzbund-Deutschland (Hrsg.) (2000): www.nabu.de/blumberg (9/2000)
U.S. National Park Service (Hrsg.) (2000): www.nps.gov (8/2000)
Web Museen Verlag, Schwanstetten (Hrsg.) (2000): www.museen.de (9/2000)

Gesprächspartner in den untersuchten Zentren

Ars Electronica Center: U. Kürmayr
Blumberger Mühle: T. Reinwardt, F. Sichtermann
Besucherzentrum mit Museonder – Nationalpark Hoge Veluwe: P. Eldeveld
Hans-Eisenmann-Haus: W. Bäuml, R. Gaidis, S. Vießmann
Haus des Waldes: H. Wetzel
Museum am Schölerberg: H. Groth
Multimar Wattforum: G. Moers, E. Bockwolt
Naturparkzentrum Botrange: P. Doyen